全国古籍整理出版规划领导小组资助项目

中央民族大学图书馆藏

《中国边疆民族地区抄稿本方志丛刊》

编辑组成员

顾　问　王　尧　张公瑾

主　编　李德龙

成　员　云　峰　莫福山　李　婷　黄金东

侯爱梅　杨　丽　红　梅

项目负责人　莫福山

中国边疆民族地区抄稿本方志丛刊

李德龙 主编

西藏志考

云龙州志

防城县小志

中央民族大学出版社
China Minzu University Press

图书在版编目（CIP）数据

西藏志考/(清)佚名纂. 云龙州志/(清)胡程章纂修. 防城县小志/(清)黄诚沅编纂.—北京：中央民族大学出版社，2010.8

(中国边疆民族地区抄稿本方志丛刊/李德龙 主编)

ISBN 978-7-81108-865-6

Ⅰ. ①西… ②云… ③防… Ⅱ.①佚… ②胡… ③黄… Ⅲ.①西藏—地方志 ②云龙县—地方志 ③防城县—地方志 Ⅳ. ①K29

中国版本图书馆CIP数据核字（2010）第151944号

中国边疆民族地区抄稿本方志丛刊

西藏志考· 云龙州志· 防城县小志

主　　编	李德龙
责任编辑	红　梅
封面设计	汤建军
出 版 者	中央民族大学出版社
	北京市海淀区中关村南大街27号　　邮编：100081
	电话：68472815（发行部）　　68932218（总编室）
	传真：68932751（发行部）　　68932447（办公室）
发 行 者	全国各地新华书店
印 刷 厂	北京宏伟双华印刷有限公司
开　　本	850×1168（毫米）　1/16　　印张：41.5
字　　数	598千字
印　　数	1000册
版　　次	2010年8月第1版　　2010年8月第1次印刷
书　　号	ISBN 978-7-81108-865-6
定　　价	498.00元

《中国边疆民族地区抄稿本方志丛刊》总目

究。从二〇〇六年起，通过两期图书馆数字化建设，全部馆藏古籍文献已经回溯了书目数据，部分珍本、善本文献已经进行数字化加工，《新疆巡抚饶应祺稿本文献》等孤本珍藏已经作为『中央民族大学九八五工程边疆民族地区历史与地理研究中心』的文献整理项目加以整理并正式出版。鉴于中央民族大学图书馆古籍典藏与保护、整理、研究的成就，二〇〇八年，国务院正式命名该馆为首批『全国古籍重点保护单位』。

为了进一步研究和开发古籍文献，整理祖国的文化遗产，弘扬优秀的民族文化，二〇〇九年十月，中央民族大学图书馆与中央民族大学出版社向国家申报了中央民族大学图书馆藏《中国边疆民族地区抄稿本方志丛刊》项目，得到了全国古籍整理出版规划领导小组的大力支持。于是，我们马上组织队伍，开展工作，首先从大量的馆藏古籍方志中遴选出五十八种有关边疆民族地区的善本志书认真研读，然后又从中选择二十余种抄稿本方志加以整理，最后确定其中的七种方志作为本丛刊整理出版的对象。这七种方志是：

一、《新疆四道志》；
二、《西藏志考》；
三、（内蒙古）《归化城厅志稿》；
四、（云南）《云龙州志稿》；
五、（云南）《定远县志》之一；
六、（云南）《定远县志》之二；

七、（广西）《防城县小志》。

以上这七种方志，涉及到了我国新疆、西藏、内蒙古、云南、广西五个省、自治区的多个民族地区，全部为清代宣统三年（1911）以前的手写本，既有抄本，又有稿本，十分罕见。如果从版本学的角度看，可以说这些抄稿本都是与其他版本不同的特殊文献；如果从文献收藏的角度看，有的还是国内外仅存的孤本，版本价值、文献价值极高。例如，《新疆四道志》抄本，即为最初的手抄稿本，且无刻本传世，虽然目前还未能确定本书的作者是何人、清代哪一年最终成书，但是，四册线装志书中那清新娟秀的小楷，真实地记录着清晚期新疆建省之初镇迪道、阿克苏道、伊塔道、喀什噶尔道等四道及其所属州、厅、县的疆界四至、山川地形、卡伦、驿站、厂矿位置、城防名胜、民族居落、贸易场所、边防哨卡、军台布控等十分重要的内容，是研究晚清新疆政治、经济、军事、文化、民族、环境非看不可的第一手资料。

再如（广西）《防城县小志》，虽名小志，却有四编二十八类十五六万言之巨。与《新疆四道志》不同的是，《防城县小志》的作者十分清楚，题为李受彤修、黄诚沅纂，实为黄诚沅所作。志中最后纪事为光绪十五年（1889），可以确认此书为光绪写本。这件写本，既有详细的方志地图，又有准确的户口、田赋，至于政区沿革、兵防、官秩、汉夷风俗、古迹、诗文，更是无所不包。最值得一提的是，本抄本志书中的地图，除有防城县全图以外，尚有广东通志图两幅、廉州府志图五幅、钦州志图两幅、皇朝直省图、广东图说、捕属图、东兴县丞所属图、如昔司图、江平司图、沿海形势汛防图、中越交界图等多幅，清楚地指明了防城县与外地交往的路线，也是研究广西防城与越南边界的重要资料。在今天开发广西，扩大对外交往的背景下，将此志书提供给广大学者进行研究，具有十分重要的现实意义。

《西藏志考》是著名民族学家吴文藻和著名文学家冰心夫妇赠送给中央民族大学图书馆的稀见旧抄

本。该本实为《西藏志》残本，记有四至疆圉、山川形势、寺庙名称、天时寒暑、土地蓄产、封爵职衔、设委碟巴、兵防甲胄、设隘边防、文书征调、催科差徭、表章贡赋、略笔杂叙、布颜罕奏书、库库木罕奏书、叶楞罕奏书、台站粮务、西域碑记、年节时令、属相纪年、风俗好尚、男女衣冠饮食、婚姻嫁娶、夫妇配偶、生产养育、死丧孝服、疾病医药、占卜吉凶、接交礼仪、生意经营、居住房屋、刑法律例等内容。这部方志以记述西藏的山川寺庙、行政建制、边隘兵防、土产赋役、宗教风俗等为主，十分难得。更为可贵的是最后一册被称为『西域志考』，详细列举了西藏至青海、甘肃、新疆乃至内蒙古各地的交通路线与距离，宛如一幅西藏与外界的交通网络图，真实地再现了清代西藏的政治、经济、人口、交通、宗教、文化、对外交往等状况。是一部藏族史和西藏地方史志的经典之作，向为海内外研究西藏问题的学者所推崇。

（内蒙古）《归化城厅志》抄稿本，原本的封题与内题分别是《归绥厅志》和《归化城厅志》，文中涂抹、改写随处可见，更显其原始面貌。在二十世纪八十年代成书的《中国地方志联合目录》中，著录中央民族学院图书馆所藏本书为『《归绥厅志稿》，稿本，佚名纂』。经过我们的研究和考证，这本志书的编纂者并非『佚名』，而是清光绪年间的刘鸿逵和沈潜，该本的实际名称也应该是《归化城厅志》，其原本应该是现已失传的《归化城厅志采访稿》。因此，这部抄本实同原稿，十分宝贵。归化城，即蒙古语之『呼和浩特』，指的是呼和浩特旧城。《归化城厅志》实为第一部专述呼和浩特的方志，保存了呼和浩特星度测量、山川形胜、户口赋税、兵防军事、坛庙寺召、城郭、陵墓、艺文、公署关税、宦绩、人物、学校等重要资料。对于研究清代呼和浩特地区的政治、经济、军事与文化具有重要的价值。

本丛刊收入的云南抄稿本稀见方志有《云龙州志》和《定远县志》两种。前者为稿本，后者为抄本。《云龙州志》为时任云龙知州胡程章于光绪十二年（1886）向上呈报的采访志书稿本。书中首尾及骑缝处皆盖满汉两种文字『云龙州印』正方形官印，以证明所呈报志书的真实和完整。此本《云龙州志》为张涛卿先生于一九五二年所赠送，只有中央民族大学图书馆收藏，可谓孤本，但惜仅存艺文部分。此本虽残缺，仍有较高的资料价值，记有建城碑记、迁建州治碑记、修建学宫碑记、重建城隍庙碑记、重修砥柱桥碑记、彩云书院碑记、旌表节烈详稿、黑水辨等内容。特别是诗赋部分，较雍正《云龙州志》增加了不少内容，同时又保存了一些光绪十八年（1892）《云龙州志》未收录的内容。《定远县志》共有两种抄本，道光十五年（1835）成书，淯阳李德生、九隆水其沂纂修，原序作者为楚雄知府章文鐄、定远知县张彦绅。此书最早修成于康熙四十四年（1705）。两种抄本均为八卷，其中一种有伊理布、李嘉端、李德生等九人序文，另外一种虽无此九人之序，但卷首绘制的『星野图』、『定远县疆域图』为我们提供了当时的天文、地理、疆域、县舍等最直观的图形资料。这些稀见方志，对我们研究清代云南民族地区的经济、文化、自然环境都有重要的参考价值。在云南大开发的今日，将这样稀见的文献再现给广大读者，必将有益于促进边疆民族地区的经济发展和社会进步。

我们认为，即使历史文献再稀有、再珍贵，如果让它们长期沉睡在藏书楼里，其价值也将大打折扣。相反，如果将真正有价值的珍贵文献公之于世，让更多学者去研究、给更多的人们提供参考，其作用将会得到更好的发挥。正是本着这一理念，在全国古籍整理出版规划领导小组的大力支持下，才有我们初步整理的中央民族大学图书馆藏《中国边疆民族地区抄稿本方志丛刊》呈现在读者面前。由于我们的研究整理是初步的，我们对这些文献的把握是粗浅的，在对于各种方志抄稿本的介绍中，我们虽然订正了诸如《中国地方志联合目录》著录的错误，也考证出了一些新的成果，但是，错误还是难免的。在我们向广大读者真诚奉献中国边疆民族地区抄稿本方志的同时，也请给我们提出宝贵的意见，以便我们在今后的古籍整理和研究工作中有所进步，提升水平，为祖国和民族的古籍文献事业做出更大的贡献。

感谢全国古籍整理出版规划领导小组对我们的信任和支持！

主编　李德龙

二〇一〇年三月三十一日

西藏志考 述略

中央民族大学图书馆藏《西藏志考》，清抄本，一函四册，佚名撰。内容分为四至疆圉、山川形势、寺庙名色、天时寒暑、土地蓄产、封爵职衔、设委碟巴、兵防甲胄、设隘防边、文书征调、催科差徭、表章贡赋、略笔杂叙、台站粮务、西域碑记、年节时令、属相纪年、风俗好尚、男女衣冠饮食、婚姻嫁娶、夫妇配偶、生产养育、死丧孝服、疾病医药、占卜吉凶、接交礼仪、生意经营、居住房屋、刑法律例及西域全书，共三十篇。在中央民族大学图书馆所藏《西藏志考》抄本中夹有一张纸条，上写『《西藏志考》即《西藏志》残本，书商伪增「考」字，以谋利』。但细考其内容，《西藏志考》与《西藏志》不仅篇目名称不同，内容也有较大差异。

在中央民族大学图书馆之外，国家图书馆亦藏有一卷清抄本《西藏志考》。然中央民族大学图书馆藏《西藏志考》比国家图书馆藏《西藏志考》多出『西域全书』篇，而少『历代事实』篇，其他篇目基本相同，唯次序各异，内容略有不同。中央民族大学图书馆藏《西藏志考》之『四至疆圉』、『山川形势』、『居住房屋』等篇内容更为详尽。例如，在『居住房屋』篇里，除列举拉萨境内有名大房之外，还分别注明了房屋层数、所在位置以及用途等等，国家图书馆藏《西藏志考》则无此相关记载。再如，该书中多次出现的『濯拉山』和『瓦子山』，二者实为一山，汉藏称呼不同而已。在中央民族大学藏本《西藏志考》的『山川形势』篇里记载：『濯拉山，汉人呼为瓦子山，系顽石磊成，如瓦片，故有瓦子山之名』。国家图书馆藏本《西藏志考》则无此记述。

《西藏志考》全面记录了西藏地区的历史、地理与风土民情，内容丰富、生动、翔实，具有极高的文献史料价值。例如，在『设隘防边』篇里，对设立之初的驻藏大臣制度专门记载：『雍正八年，谆噶尔北路犯边，贝勒颇罗鼐奏请于夏初冰雪稍尽，青草发萌时，派驻藏大臣一员统领官兵一千五百名，并贝勒次子台吉朱米那查尔，带拉萨番兵一千名，前赴打木腾格那儿地方驻营……至秋九月，大雪降后阻山塞路时，俱行撤回本地休息，明年仍往』。『雍正十一年夏六月，将驻藏大兵二千议撤一千五百名，后汉兵不赴腾格那儿驻防』（《西藏志》『边防』目中将撤兵时间误记为雍正十年）。该段记载文字简练，条理清晰，为研究清初地方与清中央政权的关系提供了重要史料。由此可知，在雍正年间，准噶尔部已经对西藏地区构成了威胁，清政府派驻藏大臣的主要任务之一即为巩固边防。在《西藏志考》『男女衣冠饮食』篇里，对西藏地区的男女穿戴衣物首饰及发型等进行了详细记载；在『土地蓄产』篇里，对西藏境内拉萨、禄马岭、濯拉山、阿杂山等不同地方所产五谷杂粮、瓜果蔬菜、花草树木及牲畜动物都有真实的记录；在『接交礼仪』篇里，对西藏地区具有丰富特色的礼仪风俗进行了生动描述，甚至对一些民族食品的做法都有详细的说明。如对『焦糖』和『抓饭』的记载：『焦糖，系黑沙糖同酥油熬成者，长尺余，宽三四寸，厚一指』。『抓饭，乃缠头回回所作，有黄白二色，俱以米作饭，以水淘过，内拌沙糖、藏杏、藏枣、葡萄、牛羊肉饼等』。以上这些篇目都为研究西藏地区的民风民俗提供了第一手资料。《西藏志考》的『西域全书』篇详细记述了自成都进藏、自打箭炉至察木多、自察木多进藏、由西藏至西宁并至腾格那儿、余树卡仑、拉克产卡仑、崩卡立吗儿、生根物角卡仑、噶尔藏胡乂、布鲁克巴等诸路以及后藏至前藏、自松潘黄胜关出口至西藏等的行走线路、站程里数，沿途的山川、气候、环境、部落、人户、民风民俗、物产、关卡、士兵戍守等情况，并对沿途有无水草、柴、马粪及可利用的交通工具等进行了标注。例如，在洛家宗至乍了路程下标注：『多人户，有大寺院，驻粮务防兵，少柴有草，路崎岖多石，其地番人性野多好盗』；在西木多至扎什宗路程下标注：『有人户、柴草、大寺院，乃诸彦林亲避暑处，伊之敕印即放此处，承领』；在八角楼至德庆营路程下标注：『过雅龙江河西下营渡，有皮缸、木缸』。这些均是研究清代川藏地区的交通状况、气候环境、地形地貌的珍贵资料。

此外，《西藏志考》还可与《清实录》及其他史书史料相互印证，并弥补他书之不足。例如，在《西藏志考》『封爵职衔』篇里记载着雍正十年（1732）封策林汪盏儿、通巴、钟子三人为头等噶隆，雍正十二年（1734）封大尔扎、章陆占巴、巴杂鼐、大衍台吉等为扎萨克头等台吉，《清实录》对这些封爵事均未加记载，仅在乾隆九年三月丙戌条，记载皇帝为酬赏接待准噶尔入藏熬茶使团有功者，赏给岱绷罗布藏达尔扎、章鲁占巴、达颜台吉、巴扎尔鼐以大缎、官用缎各一端。（见《清实录》中华书局一九八五年版，第十一册七二五页至七二六页）

总而言之，《西藏志考》保存了大量的珍贵史料，对研究西藏地区的历史沿革、职官设置、边防政务、赋税征调、历法纪年、房屋建筑、宗教信仰、交通状况、疆界沿革、民俗民风、刑法律例、地形地貌、气候环境等各方面均具有重要的参考价值。

云龙州志 述略

云龙州，今属云南大理白族自治州云龙县，地处滇西澜沧江纵谷区，位于大理、保山、怒江三地州的结合部，自古属于多民族地区。现居住有白、汉、彝、苗、傈僳、阿昌、回等二十多个民族。

云龙于西汉元封二年（公元前109）建县，当时命名为比苏县，属益州郡。东汉属永昌郡，西晋时属宁州，仍名比苏。南北朝时期废除比苏县。唐代麟德元年（664）置姚州都督府，原比苏地属尹州。南诏时期，云龙澜沧江以东地区属剑川节度，以西地区属永昌节度。宋代大理国时期改称『云龙赕』。元至元二十六年（1289）立云龙甸军民总管府并防送千户所。明洪武十六年（1383），改为云龙州。清代仍设云龙州，治雒马井（今宝丰），统摄八井，大力发展盐政。

云龙州修志始于明代，周宪章修，赵惟精纂，其志成书于天启四年（1624）。入清后，又于康熙十四年（1675）、康熙五十一年（1712）两次修志，但都由于各种原因，并未见到传本。直至清雍正六年（1728），第一部《云龙州志》才得以问世。雍正《云龙州志》由云龙州知州陈希芳修，胡禹谟纂，共十三卷，依次为图考、星野、沿革、疆域、建置、风俗、赋役、物产、学校、官师、人物、灾祥、艺文。此志国家图书馆、中国第一历史档案馆等处均有收藏。清光绪十二年（1886），时任知州胡程章也纂修了一部《云龙州志》，仅存抄本，现收藏于中央民族大学图书馆。至光绪十七年（1891），云龙知州张德霈续修《云龙州志》，聘请协修、参订、汇辑、同阅、校对、采访等四十四人，在雍正《云龙州志》基础上，于光绪十八年（1892）成书。张德霈续修《云龙州志》内容多沿袭雍正《云龙州志》，全志仍为卷章条目体，但其篇目设置有较大调整，全志以天文、地理、建置、秩官、学校、食货、盐政、风俗、人物、武备、杂志、艺文为纲目，其余子目以类附。此志除特设『盐政』一卷外，还补修了百余条旧志所缺漏的资料。

中央民族大学图书馆所藏《云龙州志》，抄本，不分卷，清胡程章纂修，成书于光绪十二年（1886）。该志残缺较严重，仅存有『艺文』部分，为时任知州胡程章向上呈报的采访册底稿。书封左上方贴有『云龙州知州尊札卑州造报采访志书汇册呈报』红纸字条并盖满汉两种文字『云龙州印』正方形官印。封皮中间有『武进张涛卿遗书，于一九五二年赠与中央民族学院图书馆留念』字样。此外，书中还盖有张涛卿多方印章，如张氏勤义堂藏、曾藏苏州张涛卿处、涛卿之印、涛卿藏书、涛卿鉴赏等。书内下方中间所有骑缝处皆盖有满汉两种文字『云龙州印』正方形官方大印，以显所呈报志书的真实性。书尾写有『光绪拾贰年陆月初拾日知州胡程章』并盖满汉两种文字『云龙州印』正方形官方大印。

中央民族大学图书馆藏《云龙州志》所存『艺文』内容，从明代开始记述，以清代内容为主，所记较为详备，正如书中所言『云郡久需文教，凡盛世纶音之播，前辈著作之文与夫骚人之吟咏，有关于掌故风化者，亦不容没。兹特采而录之，以供批览焉。』其所记内容皆全文收录，前半部分为奏疏及各种碑记，计有：《题五白二井争行盐地方疏》、《分守金沧道参政彭公平叛颂德碑》、《建城碑记》、《迁建州治碑记》、《修建学宫碑记》、《重建城隍庙碑记》、《重修砥柱桥碑记》、《温泉碑记》、《尊经阁记》、《社稷坛记》、《诺邓桥碑记》、《至圣宫碑记》、《协济永平夫马碑记》、《彩云书院碑记》、《谢公祠小引》、《邓川州巨人》、《旌表节烈详稿》、《黑水辨》、《黑水辨引》等；后半部分主要为诗赋作品，有《沧江赋》、《澜沧江》、《星回节》、《云浪分疆歌》、《苦雨行》、《雒马道上》、《过雒马》、《云龙山兴》、《三崇山》、《尹氏园亭》、《沘水沙洲》、《灵岩佛影》、《宿三哨贤》、《游放光寺》、《游太和寺》、《云龙道中（咏旧州）》、《温泉》、《三七怀古》、《游真武观》、《秋日太和寺漫兴》、《邮亭》、《雒马仙踪》、《雒马即景》、《文庙落成恭纪二十韵》、《云崇寺春游》、《拟雪山歌》、《箭杆里观罗武踏歌》、《题青云桥》、《溜索歌》、《留别云龙士民》、《谒曲阜县至圣庙》、《宿果郎玉阁》、《游双清庵即事》、《调寄浪淘沙》、《诺邓村居》、《火把节怀古集字》、《澜沧江桥》、《挽明将军》、《过漕涧三台坡》、《三阁龙蟠》、《虎头文笔》、《象岭村烟》、《罗峰拾翠》、《彩云辑瑞》、《碧嶂回澜》等。

中央民族大学图书馆藏抄本《云龙州志》虽然仅存『艺文』部分，但仍有重要的文物价值和文献价值。该志为时任云龙知州胡程章向上级机关或朝廷呈报的采访志书底稿，全书盖有官方大印，且无刻本传世，该本实为孤本文献。该采访底稿，是作者在做了许多实地调查和采访工作之后形成的文献，所记内容准确、真实、可信，是第一手资料。所收录的许多碑记，如《建城碑记》、《迁建州治碑记》、《彩云书院碑记》、《诺邓桥碑记》、《至圣宫碑记》等对研究云龙历史、文化、社会等各方面都有重要的参考价值。值得一提的是，本志较雍正《云龙州志》增加了不少内容，如《协济永平夫马碑记》、《旌表节烈详稿》以及《留别云龙士民》、《谒曲阜县至圣庙》、《宿果郎玉阁》、《游双清庵即事》、《调寄浪淘沙》、《诺邓村居》、《火把节怀古集字》、《澜沧江桥》等；同时也保存了一些光绪十八年（1892）《云龙州志》未收录的内容，如《谢公祠小引》、《至圣宫碑记》等。从收录的内容可以很容易了解到当时云龙历史发展和社会变化的情况，通过这些变化又可以更好地了解当时云龙文化的形成及其地方性特点。云龙的社会发展、文化水平虽没有内地高，但借助于盐政的发展，到清代也曾一度经济繁荣、文风蔚然。随着盐井、银矿生产的兴盛，在当时的文化界出现了著名诗人如黄桂和陕西巡抚杨名飏等重要人物，为云龙文化的系统形成奠定了基础。本志即收录了黄桂、杨名飏等名士的许多诗赋作品，不仅可以通过这些作品了解作者的思想，从中也可以探知云龙文化的地方性特点。此外，志中所收录的诗赋有五言古诗、七言古诗、五言律诗、七言律诗、七言绝句、五言排律和词赋等体裁形式，为我们了解和研究古代诗词提供了资料和途径。

由于中央民族大学图书馆藏抄本《云龙州志》具有如此重要的价值，将仅存的『艺文』部分影印出版，提供给广大学者进行研究，显然是一件很有意义的事情。

防城县小志

述略

中央民族大学图书馆所藏抄本《防城县小志》，原书一函四卷，清光绪年间李受彤修、黄诚沅纂。现存卷一，卷一末题：『武缘黄家沅校、祁阳李梦华录』，九行二十五字，开本高二十五点一厘米，宽十三点三厘米，无界栏。以竹纸精楷抄写，字体娟秀雅逸。十一幅手绘志图，图页为皮纸。

《防城县小志》卷端题『首摄县事四品顶戴钦州直隶州知州临桂李燕伯纂』，《中国地方志联合目录》著录李受彤纂修，实为监生黄诚沅编纂。李受彤，字燕伯，广西临桂县人，举人。清光绪十二年（1886）知钦州事，十四年（1888）钦州改直隶州，受彤升补直隶州知州。黄诚沅，字云生，壮族，祖籍广西武缘（今武鸣县）靖安坊夏黄村，同治二年（1863）生于云南。黄氏博学多才，精通史地，光绪十四年（1888）受钦州直隶州知州李受彤之聘，纂修《防城县小志》。据《粤西武缘起凤黄氏家乘》记载，光绪十四年（1888）『九月，广东钦州官绅遣使赍币』，到武缘聘请黄『往该处修志。十月，自钦病归。十二月愈』。次年，『正月复往钦州。十月，居中停嘱赴越南狮子头一带密采形势。十二月归家。』《家乘》还记载，黄诚沅返乡时钦州直隶州知州李受彤曾以诗相赠。

查考各种方志书目，光绪年间钦州并未修州志，只记载李受彤任钦州知州期间，修了一部《防城县小志》。而上述家乘中记录黄诚沅为修志曾于此时前往越南狮子头一带密采形势，故《[光绪]防城县小志》的『中越交界图』、『沿海形势汛防图』，极可能为黄诚沅勘察的成果。另该志『记事至清光绪十五年』的断限与黄诚沅在钦州修志的时间恰恰吻合。通过将该志与民国年间修纂的《武缘县图经》（因《（光绪）武缘县图经》未刊，亦无抄本存世）对比，两志均设『地、政、人、献』四纲，篇目设计完全相同，似一人所作。

防城，现为广西壮族自治区防城各族自治县。光绪间，钦、廉二州均属广东管辖。《防城县小志》记事至清光绪十五年，分四篇二十八类，总共十万五千余言。

卷端有《防城县小志·目录》共四篇：

志地第一：诸图（广东通志图二幅、廉州府志图五幅、钦州志图二幅、皇朝直省图、广东图说、县境全图、捕属图、东兴县丞所属图、如昔司图、江平司图、沿海形势汛防图、中越交界图）、沿革、沿革表、疆界（形势道里附）、山水（水利附）、乡村、物产、城池、廨署、庙学（学额附）、祀典、俗祀、津梁、名胜（古县、旧废廨舍、古戍、古迹、胜景、坊表）；

志政第二：户口、田赋、经费、禄饷、榷税、兵防；

志人第三：宦绩、秩官、士女、风俗、夷瑶；

志献第四：前事、杂著、诗。

黄诚沅二十六岁撰写《防城县小志》，亲自实地考察，一生编纂志书六部，每一部志书均竭力搜集资料，亲赴实地考察或采访，留下了大量的采访内容。如《防城县小志》卷一中『蜈蚣岭』下『县北里许』，不仅引用《广东图说》『州城西九十里』及《州志》『脉自望海嶂蜿蜒而来』，还将采访资料『形似蜈蚣，吐珠岭顶可望州城，尖山北距鸿熙嶂一十五里』记入志中，将『蜈蚣岭』的得名及形态、距离、方位补充得十分清楚。在仅存的一卷十三目中，几乎没有不用采访资料的，注明采访资料的条目高达数百处。另外，还夹杂着一些案语，或说明条目内容，或纠正所引典籍的失误，均详加考证。如『物产』条，凡《钦州志》记载的内容，《防城县小志》则一律省略，按语有『谨按：防城土产与钦州无甚同异，今惟举其最多及他处之所无者录之，其余则有钦州志在。』并引用大量文献资料引证说明，如『三坡岭』条下先列《广东图说》『州城西南一百三十里』，下列『谨案：府志、州志俱作百四十里』。

黄诚沅十分重视采访资料的征集和利用，运用了许多耳闻目睹、亲身体验的资料，使入志资料丰富、翔实。如『疆界』条，有防域县『西至那沙墟外银朱水，接越南国界二百一十里』之语，虽此本『中越交界图』不存，但在『广东通志图』中对越南边界明确标示，将钦州与越南山水交连的要害之处记述得十分明晰。在物产类中，该志利用了大量的『采访』资料，说明当地对某种物产的称谓及用途，以便使人们容易辨别。如物产类『萱』下有『（采访）俗呼织席草，如昔亦出』，『靛树』下有『（采访）一名青子，乡民取其叶渍之，以染其色，较所种之蓝尤佳。如昔出』等，诸如此类的例子比比皆是。由于该志注重实用，运用了许多调查资料，使该志成为一部实用性极高的佳志，可谓『详稽博考』，『用心至深』。

惜现存该志抄本已严重残缺。目录所列之『志地』、『志政』、『志人』、『志献』四篇，现仅存『志地』一篇十三目，合一卷。『志地·诸图』仅存『广东通志图二幅、廉州府志图五幅、钦州志图二幅、皇朝直省图、广东图说』共十一幅。绘制精致，对研究钦州历史及建置沿革很有研究参考价值。

中央民族大学图书馆藏《防城县小志》抄本极为罕见，相关的志书只知世上另存民国三十四年（1945）的《防城县志》十八章，黄知元等纂修，亦为残缺稿本，可见，抄本《防城县小志》实为珍贵的孤本文献。

西藏誌攷

四至疆圉

西藏東至巴塘南墩之寧靜山為界由拉撒行十里過㙮楮河即藏江其渡設有皮船木船以備通涉至得慶有縱凡所謂縱者係傍山碉房乃其頭目碟巴踞險守隘之所俱是官署其平地無隘之官署名曰噶至墨竹工卡皆平川俱設有縱設兵守隘自此東行道路窄峽崎嶇難行工

布江達拉里説袮多洛隆宗昌都俱爲要隘各安兵駐防
按其地於康熙三十八年提督唐希舜擒化林守備王允
吉等原報一案興師克復打箭爐定界於中渡康熙五十
八年五月十一日永寧協副將岳鍾琪斬達娃郎章巴布
木咱等九人都統法蠟於五月十八日命永寧協岳領兵
一千進取巴塘命成都縣教諭揚世祿先行招安於是月
二十六日巴塘營官結果翁布二人隨揚教諭賫土地户

口冊迎投岳副將於奔卡木地方巴塘裡塘二地始定七月復差成都府同知馬世烆西川後營遊擊黃喜林招安乍丫察娃作工奔達桑阿郎宗察木多等處至五十九年大兵隨定西將軍噶尔弼於八月定藏於雍正三年松潘鎮周瑛踏勘疆界始定界於南墩之寧靜山嶺上並建分界碑嶺東至巴塘裡塘屬四川嶺西屬西藏其宗咔察卡中甸屬雲南三處定界於此

西藏南至洛瑜茹巴之怒江爲界由拉撒東南行一日過錫噶拉大山至宋布堡過宋噶拉山孔拉山至押噶交藏波至怒江皆有隘設防按其地疆圍廣濶無窮不能悉考至怒江之水不知其源江水濶数里兩崖懸壁中流急湍人莫能渡其南一帶名曰工布綿亘月餘地土頗大工布之南即洛瑜中隔一河洛瑜乃野人名曰老卞止嘴割数鈌以五色塗之人性喜盜其地産蔄草竹子紫草茸人民

不耕不織石穴為巢獼狌為食藏内有犯法番人觧送過河老卡止分而啖之再西南接布魯克巴白布通西洋等其怒江之外莫知為何地自怒江北五日至雜義再四日至桑阿却宗又九日至靈卡石過浪滄江二日至察娃作工又五日阿布拉塘芝南墩大路矣

西藏西至甲噶爾界由拉撒西行二十五里出東閣爾關口由桊党猪過鉄索橋干巴白尔盔過干巴白納山云其

山郎西崑崙山也走仁蜂至扎什隆布由三桑撒噶着據等地過墨雨納大山西至甲噶俱駐兵防汛

按甲噶地接壤亦頗廣濶至業莞楷之鉄索橋乃第一守隘之區過橋由崑崙山下至羊卓白地沿海行其海週圍約濶数千里海中有山寺名曰多尔吉拨母宮由仁蜂至日盖子郎扎什隆布仲寧翁結巴寺之後山自扎什隆布西行十日至三桑乃阿里地方交界由三桑至蔺得塞入

阿里噶尔妥地方係貝勒頗羅鼐長子朱見馬特策敦駐
防之處查阿里地方甚大稍西北乃納達奠長得中南木
查見地土一半係谷古結塞地土谷古結塞奠長之女與
朱見馬特策敦爲妻三部通好其納達谷古結塞二姓乃
新撫之地也甲噶西北距諄噶尔界西南通卞契纏頭細
民界其扎什隆布江孜西南地方爲前後兩藏屏藩一由
納格尔則八日至帕里與布魯克巴交界亦設兵防守山

川險峻難以出入一由葉尔斯卡祿納山桊郎地方至結隆與白布交界一由卡祿納山桊郎至塞地方與者木雄宗里口子交界俱屬險道互相通好安兵守隘西南界址此三部矣

西藏北至諤噶尔爲界由拉撒西行過浪子至得慶俱有縱守隘轉向北行出陽八景口至新橋郎平川西通後藏東接達西北一帶有克里野大山廣濶爲諤噶尔要經過

其山即諾噶爾葉爾根地方各設隘距防
按其地即草地界由克里野山腳納克產隘口北通哈且
得不忒見又北直至哈拉烏蘇擺渡處乃交西寧大道其
東北接餘蔣等處界又由陽八景至桑駝落海過紅塔兒
小山至喇定過喇根山即騰格那見打木係每年出防處
由吉孔布至生根物角隘口東北之噶爾藏胡又阿爾坦
腦兒一帶俱係距諾噶爾界皆設有隘口截防

西藏東北直接西寧界由拉撒北行十里至色拉寺東過郭納山下至浪蕩由隆竹宗過彭多河有鐵索橋亦設皮船濟渡安兵防隘過河由角子拉山熱正寺增頂工至哈拉烏蘇即西寧駐兵為汛守之地

按其地為四通之區西接西寧所管之南城八卡等處又通洛隆宗類烏齊地方由木魯烏蘇通西寧大道由餘蔚納克蔚接西寧松潘泰寧三處界亦為諜鶯之來路餘

奔之北宂河設隘守防
西藏東南接類烏齊地方由拉撒郎路山脚轉出大則其
地有縱至家各東有鉄索橋亦設皮船木船通渡憑河守
隘由竹貢寺至沙金塘皆係草地走吉奔邊卞過江党奔
至春奔色擦接類烏齊界通昌都大道

西藏
東抵打箭爐八十四日

南抵工布咯(洛)揄三十五日
西抵甲噶兒九十五日
北抵生根物角四十日
正東至巴塘四川界
正南至咯揄阿雜拉界
正西至阿里納達界
正北至白兎旱海界

東南至木魯巴東雲南界

東北至娘錯松潘泰寧界

西南至白布卡契界

西北至　鍋壁韓噶尔界

以上西藏四至疆土界址考內稱鍋壁者乃係砂石積成之大山寸草不生故謂之鍋壁凡呼拉者即山也

西藏誌攷

山川形勢

西藏東方之山

祿馬嶺山不甚高綿亘百里四時積雪烟瘴難行離藏七日過山二日至工布江達北有敵工隘以拒準噶爾倚山為勢設橋為防別無他徑可通乃西藏咽喉之地

濯拉山漢人呼為尾子山係碩石磊成如尾斤故有尾子之名上下約五十里崎嶇有瘴氣難行離江達二日

拉里山崎嶇陡險四時積雪上下五十里離尼子山一日下山至拉里北接餘樹乃青海要津

魯工拉山不甚陡途長百里四時積雪有數丈深者烟瘴甚毒最為難行其地人畜枯骸棄道填壑離拉里一日

砂工拉山高且陡險綿長百里四時積雪有烟瘴難行亦為枯髅之所離拉里七日

賽尼合山不甚陡綿長百里四時積雪有烟瘴離砂工拉

四日過山二日至說坂多又二日至洛隆宗北有青海之徑南有雜義之連堪屬重地間有盜賊出沒瓦合一拄拉山路雖不陡然險峻難行一連四山相接綿長一百六十里四時積雪有數十丈深者行至其上愁雲瘴霧色慘淡鳥獸藏跡别是一天風景按康熙五十九年雲南官兵三百餘人至此下營一夜風雪人馬盡沒其地離洛隆宗四日

過脚山路陡積雪綿長五十里有烟瘴離兎河山三日過
山至昌都二日昌都乃川滇西藏三界之中爲最重地西
河環抱左右有大木橋東走四川南達雲南西走西藏北
通青海乃屏藩之區也以上自禄馬嶺至昌都路道窄峽
崎險山大多瘴
昂地山路陡險積雪有瘴途長百里離昌都七日
大阶山路險崎嶇積雪有瘴途長百二十里離巴塘東一日

立登三巴山路陡有瘴途長五十里離巴塘東二日
納凹奔松山路崎嶇有瘴途長六十里離巴塘西一日
擦浪工山綿長九十里離德慶營西一日
高日寺山途長六十里有瘴離德靖營東二日
拚多山路不甚陡崎嶇有瘴途長五十里離打箭爐西一日
以上自昌都至打箭爐路道崎嶇多瘴其中之昂地
（自真無）
乍丫洛家宗石板溝谷黍江卡見空子頂等處皆為

官角桑昂邦上下打拉一帶賊番出沒之所

東方之川

挩處河離藏十里郎藏江也設有皮船木船通渡

工布江達河有橋設隘

拉里河離拉里東半里許有橋夏秋水漲湍急難渡

假夷三巴橋河離洛隆宗一日左山右河最爲險道有大木橋

拉工河離昌都西三日有橋

六古三巴河離昌都西三十里即昌都右面之河有橋

察木道河有左右二江皆有大木橋（昌都即察木道又曰康平）

金沙江河即巴塘之河也七十里至竹巴籠過渡有木船

雅隆江河即中渡德靖營有木船

南方之山

錫噶拉山高大積雪難行綿長百里離拉撒一日

宗噶拉連路重叠崎嶮難行途長八十里離拉撒三日
扎拉山路崎不甚嶮途長五十里與宗噶拉山相連

南方之川

春結河即藏江也前後藏之河會流於南曲赤書羅卜喜洛出羅地
洛巴河即工布江達之江也有皮船通渡
怒江即外夷界此河不可渡

西方之山

阿里山高大多瘴綿亘八百餘里四時積雪奇冷不可行

井不拉山即西崑崙山路峻難行途長九十里

鍋噶拉山途長七十里路崎嶇有瘴

墨雨拉山高大積雪途長百里有烟瘴

西方之川

業党措河有鉄索橋乃守隘要地

藏布河

洋衣六海自扎什㖶布至阿里夏天随地皆水俱為渾海

北方之山

喇根山在騰格那爾東一日途長五十里

克里野山經過千餘里淤砂積雪烟瘴逼人冬夏不可行

以上自藏至揚八景出口入草地由哈拉烏蘇至餘

樹白兎等處有山甚大惟平川拉抗難行有瘴氣天

寒

北方之川

彭多河有鉄索橋亦有皮船通渡離藏三日

哈拉烏蘇河有皮船通渡離藏八日

阿克打木河離藏二十二日

吞艮老見河離藏九日即天池也

以上山川俱寫有名難於跋涉之徑故詳而載之其

他之溪澗小山處處皆有不能一一枚舉矣

寺廟名色

大召在拉撒内名曰老木廊建在唐時坐東向西樓高四層上有金殿五座欄扦殿宇皆係銅底澢金宏敞壯麗煥然奪目寶玩珍琦畢聚于内中殿供大佛名覺釋加摩尼云自中土侍隨唐公主至藏年甫一十二歲成聖西域或云自中國鑄請來者左廊有唐公主暨土蕃贊普並白布國王女塑像祀之其内神佛頗多皆用大銅鋼貯酥油點

燈爲供惟唐公主前不點酥油燈樓頂東南隅金殿内有百喇末殿神名百喇末云係唐公主成聖神靈顯赫土民敬畏之漢人有稱騾子天王者内藏有尚古軍器其劍長有七尺鳥鎗有八九尺至一丈長者約與今之五子砲同其弓箭撒袋頗大箭有四尺餘長者誠屬罕覯大殿内有明時萬曆太監楊英所立碑一通殿門外前廊壁上繪有唐三藏師徒四衆像昔唐公主晚年存佛皈依釋教故西

向其門門外有唐蕃和議碑碑約有一丈五尺高寬約四尺厚約二尺碑兩傍刋有大臣太宰尚書等字跡並牛僧孺名字但字跡年遠糢糊不能備録儘抄其文之畧另載於後碑傍有唐植古栁二株老榦盤曲如龍形春叐依然

癸戌

小召在大召北半里許寺名喇末契樓高三層上有金殿一座寺乃唐公主所建坐西向唐公主悲思帝鄉東向其

門殿内供佛像名明珠多吉云係覺釋加摩尼之弟年甫八歲成佛又云塑像内係唐公主肉身未審確否座上有額書黙寂能仁四字寺南乃貝勒頗羅鼐住宅

垂仲殿在大召東半里許寺名噶嗎霞内塑神像猙獰惡殺内居護法人乃喇嘛裝束仍娶妻生子世傳其術即中華之巫者每於月之初二十六下神頭戴金盔上插鷄羽一大束高約三尺穿甲背插小旗五面週身以白哈達結

東足穿虎皮靴手執弓刀登坐法臺凡人叩問吉凶託神言語判斷禍福出則人從裝束鬼怪執旗幡鼓鈸引道寺內多畜放生野獸熊狼等類垂仲各大寺皆有之亦有女人為垂仲者俱為番人所敬信崇奉焉

木鹿寺在大召北小召東樓高四層亦頗壯麗廣潤乃係西番僧人習經之所寺西有經園寺內造各種經文頒行各處

菊崗寺與木鹿寺謹相連內係各處蒙古僧人習經之所樓高三層

玉孽三巴橋在拉撒之西一里許係綠琉璃瓦所盖云建自唐時漢人呼爲琉璃橋由大小召而過此西行一里許即布達拉

布達拉乃平地生一石山高約二里許就其山勢疊砌成樓高一十三層上有金頂殿三坐飛閣輝煌層臺掩映遠

而望之疊磊如画誠屬一盛觀也係唐公主所建之宮室

其金殿之下有金塔五座西殿有黄帽喇嘛之祖師宗喀

巴手足卯在黄酥油上日久不化各殿中歷代陳設寶玩

珍琦器皿充盈涯集達賴喇嘛居住於內乃為西藏第一

名勝之區

召拉筆洞山寺在布達拉西南山脚僅相連亦係平地擁

起石山　山巔建寺形如磨盤故漢人呼為磨盤山登其上

甚懸崖之山巖下即藏江曲流如帶頗堪遊目寺内喇嘛
皆習醫道爲業
緑康捶木在布達拉山後有一方池池週廣約四里中築
一臺上建八卦琉璃亭高四層曲欄参映朱户宏麗乃爲
五世達賴喇嘛坐静之處又名水閣京亭設有木船過渡
宗角在布達拉二里許係花園爲達賴喇嘛講經之處後
爲佛祖居住即達賴喇嘛之姊於雍正十一年故

卞契園在布達拉西去五里許傍湖柳林内係纏頭細人禮拜之所内有魚池經堂禮拜臺並臨水之玩臺各立欄杆中植諸般花卉夏秋之際芳菲可人

琉日崗在布達拉西七里許茂林大樹薜蘿掩映爲達賴喇嘛班陳喇嘛往來停驂飲茶之所人故呼爲經園

别蚌寺自拉撒西去二十里傍山碉房層樓約有數百間環有圍墻内有金殿大寺三座有達賴喇嘛避暑花園達

賴喇嘛每年至此講經一回寺內乃漢人蒙古西番並楊魯
土司布尔康布木等處之人習學藏經之所有達賴喇嘛
掌黄教之呼圖克扎薩楞布氣居住其中山下一里許有
垂仲殿乃護法喇嘛所居其垂仲無妻室亦降神附體判
斷禍福至垂仲到處皆有之不能悉乃有妻室有無妻室
者其義與中華之端公巫師同
仍仲寧翁結巴寺大召西八日即後藏扎什隆布地其寺

背山臨河院宇嚴麗佛像莊嚴乃班陳喇嘛坐床之所各
處朝禮布施之番民人衆不絕於道凡番僧學經以成必
至此受戒起名熬茶供衆考班陳喇嘛乃金剛化生第一
世名桑吉年地撈拄凡轉生十三世第十二世班陳羅藏
褚吉堅贈同五世達賴喇嘛曾入覲
世祖章皇帝今之班陳即其十三世也名直俊羅桑益喜道
高德重累蒙我朝恩澤

撒家寺在扎什隆布寺内有撒家班陳乃係紅帽喇嘛之祖師其教喇嘛年少時娶妻生子俟其有子後不復再近家室始登法臺接背相傳云若其無子則西番人當盡滅矣其尊尚亦同班陳達賴喇嘛

多尔吉拔姆宮在洋阜白地海自拉撒西行半月海中有山上建寺極其紅麗有瀛洲蓬島之跡寺内乃女呼圖兎多尔吉拔姆所居云係北斗之精化生昔拉藏罕亂藏時

伊化一猪遁去藏中番民呼猪曰挨故有是名

色拉寺在拉撒北去十里傍山修大小層樓數百座參差聳出週置圍墻內有金殿三座亦有掌黃教呼圖克居住其寺喇嘛約四五千衆內有花圓法座達賴喇嘛每歲至此講經一次大寺中有鉄杵長不足二尺一頭如三楞鐧一頭有三人頭形如常馱所捧之降魔杵昔建廟時自西天飛來者人皆爭禮之

達隆寺由拉撒北行過郭納山一日寺頗華麗喇嘛約有千餘衆

熱正寺由拉撒東北行二日其寺在角子納山上樓臺高聳殿閣壯麗寺內喇嘛衆多熱正山寺經鳥雀野獸之屬日無所見若欲觀時喇嘛搖鈴嗔之俄頃各種山雀獐鹿兔獸等物畢集誠一異觀也

楚布寺業郎寺在拉撒西七十里之浪子地方二寺內各

有掌教呼圖克二人一名噶嗎巴一名沙嗎喇乃紅帽黑帽喇嘛之祖於明萬曆時曾入覲俱册封爲西天大善自在佛如來大寶法王灌頂大國師賜金册印至

世祖章皇帝勅封大寶法王印今承襲衣鉢之呼圖克二人一名扎哇楞布氣一名䓁桑楞布氣

并丹寺在拉撒東九十里其寺形景山勢與布達拉同極其華壯乃係黄帽喇嘛之祖師宗喀巴坐床之所山上多

宗喀巴之遺跡此爲黃帽喇嘛發源處

江巴林寺在昌都寺內有呼圖克二人一名拔巴喇戈喜
丹奔俄木一名拔巴丹奔姜錯其坐西向東上有金頂殿
一座樓臺院宇宏敞壯觀亦康藏之勝地也

桑鳶寺在拉撒南行二日寺內供有　関聖帝君云唐代
以前其方多鬼怪爲害人民不安帝君降聖除之人始蕃
息土民建寺供俸稱爲桑塞結波寺中喇嘛頗衆爲達賴

喇嘛每歲出巡講經之所其地有一渣洋宗山山上有寺名多機扎古寺又有一山洞高二十餘丈以木搭梯而上甚險洞內有石蓮花佛像座前石几石盒內白土可取而食如糌粑次日復生如舊凡朝禮之人必燃火炬入座後有一大海云若作惡之人至此必失脚墜海中民殊爲敬畏之

以上俱係有名大寺爲番僧聚會之所其前後衆衛

藏上册之大小寺院凡三千餘處各寺上册食口糧之喇嘛八萬四千有零難於一一詳考至有名呼圖克擇其最著者録之

噶尔嗎呼圖克　　孔撒林布氣　　三巴呼圖克

阿噶紀仲呼圖克　　阿里竹孫呼圖克　　阿噶吉仲

三堪深布　　地毋呼圖克

以上皆係有地土之呼圖克坐此一方即同此方碟

巴管束番民而食用即取此方凢大呼圖兎之下必
設蒼諸巴一人辦理地方事務大寺院之内必設坐
寺堪布喇嘛爲其寺住持

二十三

天時寒暑

西藏地遠近不一寒煖各異平坦之地則煖高阜之處則寒有十里不同天之別其雨晴無常冷熱莫定筆未可逐一悉詳只就扯撒而誌之其地天道冬雖寒不甚凜冽夏雖暑不薰蒸樹木苗草於清明後立夏前方始發萌蕋花亦於清明前後始開麦豆於三四月間播種七月收割蓋其地有高下寒煖之分故有遲早之不同

土地蓄産

西藏蛮荒之地産物有限其拉撒中谷食産青稞麦子胡豆莞豆菜子自他處來易者有蓁豆黄豆氷豆白米黒糖菜蔬産元根葱蒜莚綏近時有漢人自中原帶來白菜萵苣波菜莧菜韮菜蘿蔔桐蒿四季豆苦豆牲畜産馬小騾小驢毛牛黄牛羊猪小而毛長至大者四十斤鷄亦最小野畜産天鵝黄鴨白鷴大雁黄鶯兎雉狐狸細鱗魚甚廣

草花樹木產山芍藥牡丹西天花碎剪絨蜀葵金盞花罌粟玉美人山丹有紅白二種紫金蓮金針馬蘭西番菊有紅黄二色鳳仙栢松栁楊胡栁林檎榩自他處來賣者有葡萄棗〻杏服物產氆子氌氇毛毡錫鉄栽毛自拉撒東行
禄馬嶺土民皆名百巴其男女肉色婚姻衣着出差食物同藏地至工布江達人頗勇健盜賊少民多貿易出紅栽絨騾子大頭狗其俗人死割碎喂鷹如有瘟疙疾死者砍

碎其屍或山或水分而棄之孝服百日不梳頭其男女衣服同藏內女髮順披嫁則將髮交叉搭頂上以紅哈達作圈勒頭上其餘一切出產占驗風俗粮食俱與藏地同自此至寧多濯拉山阿雜山一帶土民俱名工固天道稍寒拉里地瘠天冷不產稞麦人民以牧放為生牛羊為食至大窩說扳多洛隆宗土產豆麦物食皆與藏地同說扳多山後有金場其地有黑帳房洛隆宗甫二日浪蕩山產青

金石四日至波亦產豆牛羊鷄猪蜂蜜自波南七日地名奔達出豆麦牛羊鷄猪與葡萄核桃騾子又一日至察阿作工土產皆同藏又九日至桑阿却宗出稻米蕎子豆麦蜂蜜牛羊猪鷄葡萄核桃騾子又四日出稻米粟米黄連射香熊胆生姜以上自拉里説扳多洛隆宗至昌都土民皆名康巴昌都較藏稍寒人物風俗衣製土產紡紼藏地其婦女未嫁髮順披嫁以珊瑚作兩花如菊大戴兩額上

出嫁再不歸寧及回亦止門外與飲食至女家亦如之大凡女子婦人擺忌入人家以爲不詳也寺廟内更不許婦人入内遇喇嘛與人姦必將兩造剥皮揎以草棄之河内或置於廟前示衆惟此不與西藏拉撒之南至春結一帶土民皆名百巴亦有世居黑帳房者名洛巴其土產風俗同藏内惟婦人以珊瑚作一元花下墜白螺殼於眉間人死喂鷹至工布天道騣土產出騾子大頭狗紅栽絨竹子蕨

莱菔草葡萄核麁青杠其人男子以黑裁絨作帽披黑裁絨偏单面色多紫黑遠望不類人形其與該與江達同拉撒西至千巴白尔極一带土民俱名衞巴婦女嫁有夫以緑松石金銀鑲元花如鏡約湯碗口大戴額上名曰白玉腦後戴一冠名策勒捶簪名捶籠其風俗土産同藏地自羊卓白地至扎什倫布三桑土民皆名藏巴其婦人嫁則髮辮細繩交達頭上以珠石等類穿盤掛頭上項掛蜜蠟

素珠一串有大如茶鍾者人死喂鷹或沉水孝服百日不梳頭風俗土産皆拉撒同阿里噶尔安地方男女衣着與藏地相同其男子所戴之帽頂高尺餘以緞或錦為之上載紅緯如中華之冬帽婦女以珍珠製為纂垂頭前後遮面。項穿元領大袖衣着群凡說話往來亦同藏地以哈達交換為禮見長上不抹帽以右手指自額上者三念唵嘛吽者三其地產稻米粟米藏棗藏杏拉姑児木梳雜不呼木

碗其價有值数金者由拉撒西行至浪子轉北行此一帯
風俗土産同藏地惟天道稍寒其拉克産不背駝駱海一
帯有海子盐水毒水至拉藏楊八景一帯有霍耳一種人
世居黑帳房以牧放打臘為生其天道寒冷不産五谷出
狐狸沙狐猞猁白豹金錢豹虎麞獐鹿野牛野馬野騾兎
雉鶏黄鴛黑鴉雪鷄馬鷄野葱韮蒜當歸干胆香草由楊
八景桑駝落海至吉扎布生根悪角一帯多温泉海子遍

地產白塩藏民資之以食天道極寒無人烟此一帶俱名昂獨拉撒東北哈拉烏蘇至達木一帶皆蒙古與霍耳人相參居住霍耳之人死則棄其屍于野而還居之男子衣着同蒙古婦女戴羊皮帽或狐皮帽頭髮細辮以硨渠殼並銅環戴髮上垂足後行則鏘鏘有聲身穿長褚巴束硨渠帶穿皮卷食馬乳酒乳渣茶亦以牧放為生牛羊為食

天寒不產物食

以上係西藏四境土俗天時出產

西藏誌攷

封爵職銜

西藏地方屬在遠夸自唐而下皆有封典迨至康熙伍拾玖年定藏後封康金鼐爲貝勒阿爾布巴爲貝子隆布鼐爲公頗羅鼐扎爾鼐二人爲台吉雍正三年封頗羅鼐爲扎薩克台吉雍正五年阿爾布巴等共殺貝勒康金鼐亂藏於六年大兵赴藏擒誅正兇七年封頗羅鼐爲貝子總

管藏事八年其長子朱爾嗎特策登並其壻那木查色不
騰二人爲台吉雍正九年封頗羅鼐爲多羅貝勒朱爾嗎
特策登爲輔國公十年封那木查色不騰爲輔國公封策
林汪盖見通巴鐘子爲頭等噶隆十二年封次子朱米納
木查爾並其弟諾彥和碩氣以及大爾扎章陸占巴巴雜
爾大衍台吉等六人為扎薩克頭等台吉

設委碟巴

委用頭人乃由貝勒選委亦用才品首在家道殷實貝勒下設噶隆数名總管各處地方事宜設高覺一名察核境内各項事宜設昌諸数名専司錢粮事宜浪子蝦数名管理刑法並承辦各項差使中拜見数名専在大召辦寫文書票簽戳記事務紀綱数名清筭賬目其中拜紀綱半多世職凡放大小村庄碟巴皆由此等人中選用至於出差

頭人名曰咎操傳事頭人名曰若尼尔管理家務頭人名曰業爾巴聽差之人名曰乃輿巴其各地方大頭人名曰碟巴次曰熱敖再次曰千布蒙古達子之頭目名曰台吉宰桑旁彥其統領兵馬之官有五總統之大頭人名曰代奔今西藏一名羅藏達結工布一名烏隆傌後藏一名班地他其次曰甲奔管兵二百名如奔管兵一百名再項管兵四十五名為奔管兵十名又小頭人名曰郭波以上頭

人牒巴委管何方郎徵収其地錢糧以自食

兵防甲冑

西藏額設馬步兵六萬四千餘名拉撒馬兵三千名後藏馬兵二千名阿里馬兵五千名稞𡐓馬兵一千名党子拉藏浪木錯等處地方黑帳房達子共有馬兵三千名阿里並前後藏各處共步兵五萬名至上陣斯殺惟蒙古馬兵八百名頗勇其次阿里稞𡐓工布之兵尚可用餘皆平平其派兵之法於各地方鄉村抽派或十名或五名不等出

人不出馬出馬不出人上陣亦穿盔甲其甲有栁葉者。有連環者有鎖子者馬兵盔上插紅纓一撮孔雀尾一枝帶腰刀撒袋背鳥鎗執長矛步兵盔上插白鷄翎一束帶腰刀插順刀帶弓箭撒袋執籐牌或木牌其木牌寛約一尺五六寸長三尺一二寸外用鉄皮包釘上繪各獸形以五色羽毛裝束有帶弓箭腰刀拿鳥鎗不執牌者亦有執長矛者所用之箭皆竹為之鵰翎鏃如錐長三四寸其弓有

木胎角弓者惟是稍身俱短小兒勁亦有用竹弓者乃用
兩斤竹合縛無稍靶至於幟以黄紅白黑藍五色紬緞或
布疋爲之俱有方旂有長八九尺至丈一二者旂頂旄纓
加黄旂即用黄纓紅旂即用紅纓黑旂即用黑纓各與旂
色同若對壘馬兵在前步兵在後凡有行走所食糗糧隨
地派出本兵馱帶但尋常未見其操演惟於二三月間偶
遇一兩次觀其打鎗射箭跑馬跌交事畢以哈達銀錢酒

食賞之其兵惟馬上似屬稍長步下怯弱不整矣

設隘防邊

西藏接壤廣濶界達青海諸蕃自雍正八年謀噶爾北路犯邊貝勒頗羅鼐奏請於夏初氷雪稍盡青草發萌時派駐藏大臣一員統領官兵一千五百名並貝勒次子台吉朱米那查爾帶拉撒番兵一千名前赴打木騰格那兒地方駐營設防於阿里噶尔安度克三處每年遣派貝勒長子輔國公朱爾嗎特策登於夏初帶領番達兵二千名駐

孔設防於哈拉烏蘇每年派遣和碩氣至彼地訓練其處兵馬二千餘名駐防至秋九月大雪降後阻山塞路時俱行撤回本地休息明年仍往設防並於要道安設卞崙数處一餘爾納克每年派千總一員帶漢兵三十名番兵三十名至白兎河駐孔偵防一納克產每年千把總一員帶土兵各十名前至特布沱洛海偵防一奔卞五嗎尔每年派千把總一員帶漢土兵各十名前至彼地偵防一生根

物角每年派千把一員帶漢土兵各十名前往彼地駐扎偵防以上俱於春末夏初清草發萌時前往駐扎防範偵探信息至秋末雪降撤回於雍正十一年夏六月將駐藏大兵二千議撤一千五百名後漢兵不赴騰格那兒駐防矣其附近拉撒関隘二處一浪蕩離藏城五十里派漢土兵各五六名駐彼盤查往來奸宄一帕尔離城十里派漢土兵各五六名駐彼盤查往來奸宄至其他之隘口隨道皆

有察其地勢衝僻量設畨兵守防

文書徵調

貝勒頗羅鼐未蒙賜印之先用文書俱鈐紅色小圖記番人用唐古特字達子用蒙古字上下往來蠻人遵之自噶隆以下皆用黑色圖記雍正九年頒給貝勒印信始之用印素常亦不多用一切文書信乃用漢文小圖書其文係名望貝勒鈐記六字如徵調兵馬近則頭目九奔催集遠則用契信傳調若其要緊事情則用傳牌以箭一枝上縛

白哈达一个篤奚信於上傳催限期而到一無少悞凡遇
大事務每日噶隆碟巴中意代奔等齊集大召寺中白菓
廊團坐公議而行如係大事貝勒亦至共議行之

催科差徭

西藏地瘠民貧産物有限其馬匹多係由霍耳一帶及西海等處來者價值頗昂中馬自十六七兩至二十餘兩不等所徵收錢粮照各地所産或牛羊柴草麦豆青稞氆氌毛毡皮張等物或馬奶酒酥油鷄豬野牲菓食金銀銅鉄各照出産上納設有公所名曰商上凡上納食物等類以及罪犯應罰銀財俱存公所以沖公用並每年喇嘛念經

之費至於土民之服役者名曰烏拉凡有生業之人無論男女皆派即他處來藏者亦各派差賦但量其貧富多寡不等及頭目碟巴皆有屋之大者則照居屋大小派定或十餘名或三五名照名數需人無人則僱窮民代役或每日每名納銀五分遇有大差則派牛馬騾驢富者應出幾頭匹貧者三四人公攤一匹即女子婦人能置灶租房居住者亦皆有烏拉年至六十始免之

表章貢賦

藏衛屬地乃賞給達賴喇嘛采邑免其貢賦今貝勒並達賴喇嘛每一二年遣額爾沁貢獻一次亦寫唐古特字表章恭請

聖安以通誠欵所進方物乃係藏杏藏棗藏香珊瑚蜜臘珠子木碗金絲緞卡契刀等物

畧筆雜叙

自康熙五十九年大兵定藏撫有是土十数年官兵往來其間崇山鳥道竟成通衢大路窮邑僻壤莫不識中國衣冠人物之盛懷德畏威思歸内附我

國家柔遠懷來誠被無雷矣自唐而下未有如今之遠者西藏西南約行兩月有巴爾布三罕一區於雍正十年慕化歸誠遣使來藏經駐藏大人等奏 聞蒙

皇恩俯准隨賞賜勅書三道並蟒緞琉璃碗器等物於次年
秋八月遣使送赴藏地轉賞三罕甲寅春正月三罕命使
赴藏請准赴都謝恩進貢隨經大臣等轉奏請
旨奉　旨着來京於是沿途給與粮駝於四月二十一日遣其
入京其三罕奏章貢譯漢緑後
布顔罕奏書
大主明鑒微末布顔雜〻噶麻見合掌謹奏大主聖體冲

和徵末布顏罕不勝慶章蒙大主仁恩賞以勅書緞疋琺
瑯磁器等類仰瞻聖明不勝欣慶向聞大主仁化即欲遣
使請安拉藏罕不爲轉奏計無聆出今蒙貝勒奏請得瞻
大主天恩又得還使奏書誠大幸也依頒温旨特頒邊鄙
小罕普沾天恩矣鑒之鑒之奏書徵儀哈達一個珊瑚壽
一株珊瑚一串五十五個小珊瑚一串一百零八個瑞珀
一串四十六個金絲幟㦸卡契帶三條金絲幟㦸卡契小

帶五條各色卞契緞三足白卞契布四足犀角一筒孔雀
尾扇二柄孔雀尾一束黒香一包各色葉一包癸丑年十
一月二十八日奏

庫庫木罕奏書

大主明鑒微末庫庫罕合掌謹奏大主聖体安和不甚辛甚
庫庫木罕以實心戴感大主仁恩蒙賜以勅書緞足玻璃
等項向聞大主天威仁惠至於天恩温旨如此霈降賞出

望外今貝勒轉奏蒙賜勅書無涯大恩愛我生靈如同父
母曷勝欣慶特差巴尾尼桑格尔恭謝天恩伏思庫庫木
罕邊鄙小罕惟仰賴大主仁恩以安其生仰乞温旨不時
下降奏書微儀哈達一個大珊瑚二個小珊瑚六個小珊
瑚一串一百零八個各色金綵織成卡契帶十條金綵織
成卡契緞一足銀綵織成卡契緞一足孔雀尾管子碗二
個各色卡契布二十足白卡契布五十九足各色藥六包

額納特克克巴尔布等處地圖一張癸丑年十一月十七
日奏

葉楞罕奏書

大主明鑒微末葉楞罕合掌謹奏大主聖体安和不勝幸
甚向因額勒罕不將大主天威仁化曉諭我等今幸貝勒
宣傳我等方知虔誠恭順得邀賞賜勅書緞疋玻璃磁器
等項如我親瞻天顏不勝欣慶之至邉鄙小罕唯乞大主

憐爱鑒之鑒之奏書徽儀哈達一個大小金錢二個林親中内佛一尊珊瑚一串一百零八個小珊瑚一串一百三十六個香盒一個孔雀尾管子碗一個孔雀尾扇子一把金絲織成上下契緞一疋銀絲織成上下契緞一疋各色藥一包巴尔布幕二條白上下契布三疋各色布十疋上下契緞三疋巴尔布布四疋星袞一包黑香一包阿魯拉二包癸丑年十一月二十九日奏

又布魯克巴在西藏西北約行月餘其罕諾彥林親乃紅
帽之傳天道頗熟產大猎稻黍豆麥瓜菓等類與中國相
同南行月餘即天竺國也考其地於唐時歸附於內曾賜
給印冊其印文乃唐師國寶之印六字外有噶畢一族原
係諾彥林親分出者日久其勢漸大後因諾彥林親之呼
圖克喇嘛楚克賴納木查見至噶畢地方噶畢即晉不放
歸諾彥林親屬下地納地危二處百姓時潛赴噶畢朝覲

由是二家成隙互相仇殺噶畢力窮乃於雍正十年投歸
貝勒頗羅鼐請兵助之敗諾彥林親於界地於是諾彥林
親亦遣使於駐藏大人處歸誠並請赴都進貢而大臣以
二家正爾仇殺之際暫留使者在藏將投誠請貢並兩造
仇殺緣由奏　聞於次年春二月差官前赴二家排解不
就復於冬十月再遣辦理夔情陜西督標遊戎和尚並貝勒
所差噶隆中子以及外委人員前赴甬中之江則城解和

十五

各取永和卯契帶二家進貢使者於甲寅正月旋藏沿途
給與糧駝遣赴都城各有奏書貢物奏書云
天下含生共感戴滿主西立大主明鑒微末布魯克巴喇
嘛查色立布魯克巴古郎諾彥林親齊類拉卜等焚香望
闕合掌叩拜謹奏爲恭請聖安仰乞天恩事西陲愚蒙不
辨善惡忘行侵殺西藏貝勒致書宣諭大主天恩仁化我
等不勝欣感遣使至大人貝勒處乞准歸命漫蒙大主賜

以生平未覩之異數恩逺貴於黄金滿世界矣此好天之
大恩實萬不能圖報唯有感激恭謝天恩但布魯克巴人
愚如獸不知法教因與屡次噶畢攜禍蒙駐藏大人轉奏
大主憐憫衆生特差官員噶隆爲我等和解又蒙西藏貝
勒親至江則宣諭大主天威仁化分晰利害每處置一碟
巴照看辦事諄諄致書教訓我等俱各感激欣然和好自
今以後惟有感戴皇恩永逺安樂敬來者有布魯克巴人

等多不知法度者來大主賞以勅印以便管轄且愚人上

畏威各守法度不致生事世世子孫永得安生者皆大主

再造之恩於大主別無所思伏乞憐憫特降教訓鑒之鑒

之爲此特差格隆布尔冲恭請聖安伏乞天恩並献土産

各色卡契帯五條卡契緞一疋珊瑚珠一串一百零八個

蜜蠟珠子一串三十六個五色花布四疋布魯克巴白布

二十疋卡契小刀一把月之吉日奏

天下含生共感戴滿主西立大主明鑒微末布魯克巴噶

畢東魯卜喇嘛焚香望闕合掌叩拜謹奏爲恭請聖安仰

祈天恩事東魯卜上合天心恭順歸命仰賴大主恩威安

生樂業奏請訓旨之後蒙賜以有生未見異数大恩噶畢

東魯卜不勝欣感曾今恭請天恩實不但今生雖萬萬世

不能仰報惟有三寶佛前虔誠諷經祝滿主西立大主萬

萬年年但布魯克巴等生牲愚昧如蓄屡年彼此生隙駐藏

大人奏聞大主普愛生靈差官員噶隆為等和解貝勒又至江則宣諭大主天威仁化分晰利害教訓和好各處碟巴一人照看辦事等因致書教誨如幼見得母欲感無既今和好惟感大主庇宥宏恩永思安樂而已拜求者蒲主西立大主憐憫愚生賜以勅印得賴恩威便於管轄所賜五城人民彼亦知敬畏各守法度以安其生此皆蒲主西立大主憐憫再造之恩也鑒之鑒之為此特差使者商納

克諾尔布恭請聖安併祈天恩並献土物奏書哈達一個
珊瑚八個小珊瑚七十個金絲織成卞契緞二疋花緞一
疋象手一根卞契帶五條帛布三十疋小蜜蠟珠子一盤
一百一十五個月之吉日奏
於雍正十三年夏賞給勅書各一道適噶畢東魯卜喇嘛
已病卒於是將土地人民仍歸諾彥林親管轄不願歸附
之民人一百餘家奏聞給與牛隻耕種安插於商內江則

地方乾隆元年春三月諾彥林親齊類拉卜濟親身赴藏
朝覲達賴喇嘛並叩謁各大人畢仍回該地矣
又新撫歸誠南城巴卡餘奔納克奔等處查其地在四川
西寧西藏三落之中自雍正三年經四川提督周會勘招
歸版圖於雍正九年復經駐扎西寧總理夷情散秩大臣
達鼐奏請川陝派員復勘以定疆界管屬貢賦於十年夏
西寧派員外郎五十七筆帖式齊明藍翎哈尔濟遊擊馬

受華都司周東元四川泒遊擊李文秀雅州府張植西藏主事納遜額爾黑圖守備和尚會分定附近西寧者歸西寧管轄附近西藏者暫歸西藏管轄議請千人以上之部落設千户一名百人以上之部設百户一名不及百户者設百長一名十户設十長一名千户之下設百長五六人百户之下設百長三四人每百户每年納貢馬一匹每馬折價銀十二兩部議減二兩奉

旨復減二兩每馬只折銀八兩 按每户每年止折收銀八分
西寧者送歸西寧道庫交納 西藏者送歸西藏粮務交納
内有脚巴拉喇布二處共七十餘户 一在南城邊界 一在
木魯烏蘇河邊 其二部落原未納差 今將附近河沿者令
其當濟渡之差 附近南城者於會盟時聽差送文 不納貢
馬 須給各千户百户號紙 並唐古塔見字蒙古字律例 其分隸西
寧管轄番民四十族 計八千四百四十三户 共三萬二千

三百九十名口共折徵銀六百六十九兩五錢二分分隸

西藏管轄番子三十九族計四千八百八十九户共一萬

七千六百三十名口共折徵銀三百九十一兩一錢二分其

暫隸西藏之三十九族以其離藏附近便於徵調俟藏兵

行撤後盡歸西寧管束

臺站粮務

自打箭爐至藏共設塘站八十四處汛兵十三處粮務六處其塘站詳載路程編中

汛地十五處

撥浪工把總一員兵十名　裡塘把總一員兵二十五名

海子塘兵八名　立登三垻兵十名

大所兵十名　巴塘把總一員兵五十名

江卡把總一員兵二十名　黎樹兵十名
石板溝兵八名　阿足把總一員兵五十名
乍丫把總一員兵三十名　昌都把總一員兵二十八名
説板多把總一員兵五十名拉里把總一員兵二十六名
江達守備一員兵一百二十名　後藏駐昌都
粮務六處
打箭爐　裡塘　巴塘　乍丫　昌都　西藏

西域碑記

唐碑

大唐文武孝德皇帝大蕃聖神贊普舅甥二主商議社稷如一結立大和盟約永無淪替神人俱以證知世世代代使其稱贊是以盟大鄧晋傳之於後也文武孝德皇帝與聖神贊普湯知黎贊陛下二聖濬哲鴻被曉今永之化享矜愍之情恩覆其無內外商議叶同務令萬姓安泰所思如

一成久遠大治之清慈覩同心以申鄰好之義共成厥美
今漢番二國所守見管封疆洮泯之東屬大唐國界其塞
之西盡是大番土地彼此不為寇敵不舉兵革不相侵謀封
境或有猜阻捉生問事說給以衣粮放歸今社稷山川無
擾各敬人神然舅甥相好之義若難每須通傳彼此相倚
二國常相往來兩路所遣唐差蕃使並於將軍谷交馬其
洮泯之東大唐供應清水縣以西大蕃供應須令舅甥親

迩之禮使其两界煙塵不揚同聞頌德之名頻無驚恐之
處行人撤備鄉土俱安永無相擾之虞垂恩萬代則稱美
之聲遍於日月所照矣蕃於蕃國受安漢亦漢國受樂
茲合其大業耳各永此盟誓永不移易當三寶及諸賢日
月星辰之下共陳刑具為盟設此大誓約如有不依此誓
蕃漢背約破盟者來其殃禍也倘傾覆以及動陰謀者不
在破盟之限蕃漢君臣並稽首告立周細寫文二君之德

萬載稱揚內外蒙胣人民咸頌矣

御製平定西藏碑文

昔者

太宗文皇帝之崇德七年班禪額尔德尼達頼喇嘛固始汗謂東土有聖人出特遣使自人跡不至之區經讐敵之國閱数年始達盛京至今八十載同行善事俱爲施主頗壷安寧後達頼喇嘛之殁弟巴隐匿不奏者十有六年任

意忘行拉藏藏之復與其法因而兄從拉藏苦苦腦見羣衆公同之情中間策妄阿喇蒲坦忘事生端動準噶尓之衆肆行訐詐滅壞達賴喇嘛並廢第五輩達賴之塔孚衊班禪毀壞寺廟殺戮喇嘛名為星法而實滅之且欲竊擄圖伯特國朕以其所為非法爰命皇子為大將軍王又遣朕子孫等調發滿洲蒙古綠旗兵各數萬歷烟瘴之地士馬安然而至賊衆三次乘夜盜營我兵奮勇擊殺賊皆喪

胆遠邈一矢不發早定西藏振興法教賜今呼必爾罕冊
印封爲第六輩達賴喇嘛置禪搨撫綏圖伯特僧俗人衆
各復生業於是文武臣工咸謂王師西討歷烟瘴險達之
區曾未半載輒建殊勲實從古所未有而諸蒙古部落及
圖伯特酋長亦合詞奏曰皇帝勇畧神武超越往代天兵
所臨雅魔掃蕩復興蒙古所向尊奉法教坎麻藏衛等部
人衆咸得援離湯火樂安居如此盛德大業非臣下頌揚

所能宣罄請賜御製碑文鐫石召地以垂永久朕以何功

焉而群衆勤請不已爰紀斯文立石西藏俾中外知達賴

喇嘛等三朝恭順之誠諸部落累世崇奉法教之意朕之

此舉行所以除逆撫順綏衆興教云爾

康熙陸拾年　雍正二年季夏月之吉

內閣學士 臣 鄂賚員外郎 臣 常保筆帖式 臣 佛保傳

德納　遜額尔克圖

四川松潘鎮總兵官臣周瑛副將臣郭壽域

叅將臣趙儒遊擊臣

高麟端守備臣董之俊

征西将軍噶　碑文

聖天子統御中外覆育萬方文德覃敷化日古難化之族武

功赫濯闢從來未闢之疆允矣澤被無雷威周出日凡秉

血氣莫不尊親獨澤妄阿拉蒲坦蠢尔無知自外生成逞

井蛙之見肆螳臂之雄令郭多布等戕害剌嘛荼毒生靈

邊城奏報上廑
宸衷軫此方隅陷於水火爰　命撫遠大將軍王親統貔貅
駐節木魯烏蘇居中調度指受機宜遣平逆將軍延信由
苦苦腦兒一路進剿
命　臣噶尔弼統領川滇荊楚浙江滿漢官兵由屬進剿　弼於
康熙五十九年四月十六日自成都拜疏起程出屬至打
箭爐裡塘巴塘乍丫叉木多會集滇兵整隊進發一由類

烏齊結束結賚永噶三大奔工爲正兵一由洛隆宗說板
多達喇宗沙工拉爲奇兵定期會取喇里竹貢竹〔墨〕工卡一
帶地方宣佈
朝廷恩威曉以順逆大義撫歸戳叛敗散賊番降服諜噶爾
委授之藏王達格咱碟巴阿角拉漫坦兵不血刃於八月
二十三直抵招地封倉庫以待西師撫僧俗而寧佛土招
回哈拉烏蘇勒逆之蠻兵斷彼拉撒達木餽賊之粮運西

師在前我兵在後而車零敦多布等援散食絶力竭勢窮狼奔鼠竄戢影遠遁由是西來之達賴喇嘛於九月十五日得以抵藏坐床僧俗皈依遠邇傾向歡聲振天梵音匝地共祝

聖壽無疆山河鞏固此皆上賴

廟謨弘遠王威遐震下仗總督年羹堯經理有方粮糈充裕兼之將士奮勇共切同仇所以道經五千視危峯雪嶺有

如平地時歷四月冒蠻烟瘴雨幷若飴壯氣於雲有征無
戰咸此克復之功也勒之豐碑聊記道途年云爾銘曰
天地爲界　日月爲期　一洗塵氛　永淨荒裔
大清康熙五十九年冬月吉旦
總統滿漢官兵征西將軍臣噶尓弼
登州鎮李　碑文
竊惟遠塞用非神武不能獨斷刻期剪逆非

睿慮弗克萬全我
皇上恩周九有德遍遐荒萬國咸寧舟車一統正朔所被未
有如今日之廣者不意策妄阿尔布坦妄逞螳臂塞外逞
娶荼毒生靈騷擾隣族始侵哈密繼掠西藏我
皇上赫然震怒遣將駐兵巴里坤以遏賊之出沒又念西藏
為佛地賊將車零敦多布殘踏寺院燒燬經典有失黄教
命撫遠大將軍王　親統六師駐郎西寧調撥陳兵將塔尔

寺之呼必尔罕加以達賴喇嘛封號給以印冊俾其坐床
主持黄教與行教化此真我
皇上天地爲心惟慮一隅之未静致有一夫之不獲者也撫
遠大将軍王仰体
聖意布德宣威特保議政大臣宗室延信進藏蒙
皇上調京陛見親授方畧加平逆将軍撫遠大将軍王於今
夏出口師次木魯烏蘇遅将挑兵計籌粮餉親視渡河平

逆将軍統領滿漢官兵前進余　恭承
王命領督標并涼寧夏官兵護禦達賴喇嘛過河之後賴平
逆将軍調度有方連營十二週圍統匝分派大砲擺列卡
崙晝則馬於外夜則收馬於內法令森嚴步法整齊守營
肅寒雪夜不眠輪番更替逆賊襲營三次俱被鎗砲打敗
殺傷無算逆賊喪胆奪魄遠竄遁奔達賴喇嘛貝葉幢幡
安行入藏男女合掌禮拜喇嘛伏身躬迎咸謂光天化日

均樂太平之春絕域遐荒永享平静之福手舞足蹈鼓樂
謳歌九月十五日達賴喇嘛安坐此皆我
皇上乾剛獨斷離照當空睿慮殿陛之間决勝萬之外撫遠
大将軍王知仁善保舉得賢之所至也平逆将軍之功照
照西域矣余得追随驥尾欣附龍鱗爰紀其事勒諸瓊珉
以永垂不朽
欽命議政大臣鎮守山東全省地方駐劄登州總兵官都督

事加一級李麟題

大清康熙五十九年十月　吉旦

西寧鎮周　碑讚

天恩國法除暴安良烏斯億萬頌祝無疆

雍正八年冬月西寧總兵官越巖開題拜書

永昌協馬　碑讚

南山為帯楓樹為旂用彰威武永奠番裔

欽命料理藏務陝西永昌協副將馬紀師

都察院　碑文

今之西召古之烏斯也歸順天朝歷有年矣其地設有貝
子公等以統其番歲丁未伊等自相戕殺荷蒙
聖天子俯念唐古忒人民遭其苦累
特念大臣統三省之師前來安撫不絕一絃未發一矢而元
兇就俘彰明其罪用正典刑極卹良番安生樂業遠邇欣呼

老幼忻舞共頌

皇恩於無既郎阿等在事目擊而知

聖德之高深識所謂無遠弗届自此永慶昇平長沐帝澤於

於奕禩云耳是記

大清雍正七年歲戊申月　　吉旦

西藏誌攷

年節時令

西藏未頒正朔以屬相記年節令亦不爽惟與小月臘月大以元日爲年小月以初二日爲年羅市三日各以茶酒肉食米粥糖菓等類遂親友家相洗互相酬荅爲禮貝勒於元日設晏於布達拉請漢番官員頭人過年初九日大召內聚集各山寺喇嘛四萬衆迎接達賴喇嘛謁佛登臺

或有名呼圖克諷誦大經至月十五夜貝勒及噶隆碟巴等各於大召週圍大放花燈扎木架以五色油麵做人物龍蛇鳥獸下設板架数層上安設大銅燈共約数萬盞自黄昏點起至次早始散以天之陰晴風雪並燈焰之色占一年吉凶如是夜天晴氣肅月明無風燈焰平静色正此一年之内人俗康泰五谷豊稔若或天不明即遇刮風下雪或燈焰紅白閃灼乃為不吉各分占驗至二十一日調

集各處蒙古西番馬步兵三千頂盔貫甲各執長矛弓箭鳥鎗籐牌馬亦從頭至尾披掛五色甲裙各各跳舞放鎗繞召三次至琉璃橋南點放大砲以爲迎神逐鬼其砲係銅鑄二十餘尊內一尊最大者上刊威剿除叛賊五字乃唐時所鑄也事竣於布達拉庫中動發銀茶紬緞絣錦布足金珠等物佈散衆喇嘛以爲念經之資至二十三日貝勒以及哈隆碟巴並有名大喇嘛各出八九歲以至十二

歲小童数名快馬数匹跑馬自色拉寺東山脚起由布達拉後至工布堂約三十里一氣跑到先到者賞緞紬綵錦哈達銀茶等物次到者各分等次賞給又選善走之步人数十人自布達拉西跑起至拉撒東止約十餘里一氣跑到先到者一例分賞畢轉召三匝而散此以寓一年搶標奪彩比試之意至二十七日迎色拉寺之飛來杵至拉撒轉召二月三十日布達拉懸掛大佛其佛像係五色緞子

積成自布達拉五層樓垂至山脚長約三十丈将大召庫
中所有寶玩金珠器皿幡幢傘扇喇嘛成列並裝束神鬼
諸天各番國人物牛虎象獸等類轉召三次至布達拉大
佛前各〻跳舞一回事竣於各頭目碟巴人家跳舞歌唱
一半月間始散乃其地春戲之作所粧鬼神人物獸象衣
着頗積精巧華麗其寶玩之物頗多不能枚舉六月三十
日別蚌寺色拉寺掛大佛亦粧束各鬼神人物等類並垂

仲下神番民男女皆華服艷粧或歌或唱翻杆子跌打各種跳舞此亦二寺之大會也七月十五日另放碟巴一名以司豊事其地之頭目碟巴陪之遊街旂幡導引佩弓挾矢遍歷郊外以觀田禾射飲一日以慶豊年然後土民收割七月十三日其地之民各將凉蓬帳房下於各河沿遍延親友不分男女同浴於河内至八月初五日始罷云七月浴之則去病疾十月十五日唐公主壽番民男女盛服

而朝家户飲酒至二十五日夜係黄帽祖師宗喀巴成聖之日其古人家以及寺院山廟各於窓壚並屋墻挨放燈數百不等明光如晝有若箕羅星佈亦一大節又云係燃燈古佛壽誕不知孰是亦以燈焔天色占歳之吉凶十二月二十九日木鹿寺跳神逐鬼喇嘛粧束各種神佛鬼怪至晚則遠召放鎗吶喊以爲驅神逐鬼之意凡各寺院有會期土民男女皆華服盛飾聚飲群歌帶醉而歸以過

歲部

屬相紀年

西藏蠻人不識天干不知建元惟以地支屬象紀年亦以十二個月為一年以寅為正月仍有閏月但其閏月不與同時耳如壬子年閏五月其地閏正月乙卯年閏四月其地於甲寅年閏七月更有閏日之異且無小月如閏初一則無初二即至初三日矣或於月內摘去二三日則不呼此二三日假如二十六日次日即二十八日每月必有初

一十五三十而呼正月端郭二则二月三则三月其次亦如之紀日惟以金木水火土五行相對與憲書無異推日月之食亦毫不爽云推算古驗皆唐公主流傳者

風俗好尚

西藏夷俗鄙汚尚佛貪財不以淫亂爲恥不知臭穢輕男重女不設几桌床被老少男女皆隨地坐卧其飲食惟茶爲要次乃酥油青稞炒麵牛乳牛羊肉等類但食牛羊肉多係生食少食米麵至於衣着婚姻禮節迥不成俗男子有髮垢面不浴其婦人老少日以糖脂或兒茶塗於面與優人中䰈虎焦贊所塗之臉同初見頗覺異觀而貪淫好

飲人皆不以爲醜

男女衣冠飲食

西藏衣冠多用氆氌毛褐富者亦着紬緞布疋貝勒頗羅鼐冬戴玄狐或紅狐皮帽夏戴錦緞裝花帽其制紡綿

中原秋帽高約六七寸平頂係纓纏邊約寬二寸兩旁有齒以蟒緞或片金作面上鑲獺皮衮邊居常穿大領齊袖無盔之衣名曰褚堪皆以五色緞錦或片子爲之亦用各樣皮爲裡遇朝賀大節則穿蟒衣貂皮披肩不穿褂腰束金縧

緞或紬一幅寫帶長六七尺腰扎二道亦帶一小刀荷包之類必帶碗包一個足穿香牛皮靴名曰巻頭亦育髮左耳帶珠子墜所乘之馬帶雙蹄胸其下之噶隆碟巴只帶一隻蹄胸至噶隆碟巴服裳與貝勒同惟其頭髮不束不挽不梳披垂肩後戴黄栽絨平頂無纓大帽亦或緞狐帽其栽毛長二三寸如羊毛狀手帶班指拿素珠束皮鞓帶或緞或紬或毛褐帶不等帶順刀小刀荷包碗包識字者

腰間揷一鉄筒内裝寫字竹簽帯描金皮盒内装一小銅
瓶裝墨水寫字時盤脚地坐以綿卷摺成條左手持定值
膝上右手持竹簽濡墨水左向右横書若画匠則猫毛寫筆
遇郎氣或公事噶隆將髮挽兩髻身穿蟒衣上披斤子編
单碟巴將髮亦挽成髻帯無翅白紗帽乃唐之遺制也左
耳垂金鑲緑松石墜約鍾口大其形似鳥獸以兩爪並嘴
啣一物如菊様其名曰瑣瑺右耳垂珊瑚墜用李大珊瑚

両顆六金鑲名曰工納身穿大領長袖紅緑織金短衣以
水獺皮邊袖口用五色緞各一條鑲接前鑲獺皮邊下穿
黑褐百摺裙名曰郭在足着皮巻上披紅褐編单插順刀
帯腰刀擊大花紅緞袋一個其巡街之役名曰郭家哇逢
鄧將會期亦穿緞錦短衣黑褐裙帯腰刀緞袋不披偏单
不挽髮頭戴白布圈如射箭之月鼓子邊㨾手持木棍巡
查打街自嚀隆下至小民手上俱帯骨班穿大領無盔褙

巴或布或氆氌紬緞不等看其貧富爲之不拘顏色皆可
穿頭戴之帽亦同腰束皮帶或毛帶仍帶小刀順刀碗包
火鐮等類手拿素珠懷揣木碗所穿之褲襠內開岔腰兩
邊亦開岔其腰如荷包口樣穿上以繩扎之其女人服飾
粧束頭髮從頂分左右搓如繩兩條交腦後稍以繩束之
而未嫁女子腦後另行一辮以寶石珍珠珊瑚之類載辮
上若受聘則將夫家所定之金鑲綠松石一大塊戴頂上

𡜵焉婦人則不辨〻于居常以黄緑裁絨作尖頂小帽戴頭上脚穿布靴或皮套下着十字花黑紅褐百摺裙名曰東波前穿圍裙或紅褐或各色紬緞鑲花邊名曰班帶上穿小袖短衣長齊腰間名曰文肘或用綾紬緞布焉之上披紅裁毛小單名曰傘手上帶金鑲珊瑚戒指名曰慈姑左手帶銀鐲名曰則籠右手帶硨磲圈寛約二寸名曰銅箍乃自小帶者只至磨破方修無論貧富必帶之云死後

不迷路徑　耳戴金銀鑲松石墜長寸餘寬七八分後面有小鈎掛於耳上名曰額歌上連珍珠珊瑚串以小銀鈎掛髮上名曰吞達下亦連珍珠珊瑚串長六七寸垂兩肩名曰重雜項掛素珠一兩串貴賤不等自珊瑚琿渠青金磁器至木珠者如富室戴蜜蠟珠有大如茶鍾者又帶一小銀盒名曰阿務内裝護身佛子丹藥之類胸前掛銀鑲珠石環長約三四寸寬寸餘兩頭有鈎乃掛披单者名曰的

流不論貴賤稍畱餘則戴珍珠帽其帽以木作胎如藤帽
蓬樣而厚珠紅潦裡以金鑲松石爲頂週圍滿戴珍珠於
蓬上其價有值千金者老年之婦人則以金鑲松石一片
如鏡樣約有碗口大者立戴於額之上名曰白玉凡戴白
玉親友作賀宴客其達子婦女頭不戴餙髮亦兩面分開
辮之子以青緞或布帶約寬寸餘長二尺許籠辮子上以
銀鈎掛墜兩膊下脚穿香牛皮靴身穿長袍上盖鑲邊齊

肩掛子其褂腰作碎摺如朝服樣耳帶累綠金鑲松兒石墜或珊瑚墜面上不塗糖脂不披方单無拘冬夏俱戴狐皮帽其方飲食無論貴賤皆以茶為主其茶熬極紅入酥油盐攪之飲茶食糌粑至糌粑係青稞炒熟為麵以酥油茶調合捻而食之或肉米粥名曰土巴湯其次麵菓牛羊肉酥油乳子乳渣等類牛羊肉係生食而日食不拘頓数以饑為度食少而頻男女老少皆日飲蛮酒其酒乃青稞

所釀淡而微酸名曰㗫亦有青稞燒酒飲醉後男女相携
沿街笑唱爲樂

婚姻嫁娶

婚姻亦擇女壻首以門戶相當識字爲佳女以善生理識貨價值料理家務爲能亦通媒妁惟富庶碟巴之家方有其俗其餘多品合如兩家各知子女好否男家以一哈達托一二人云有其家女願與我男聯婚其媒持哈達至女家云其家有男欲求你女爲媳將哈達遞上彼此交換如不推謝則云我於某日來說於是日女家遍召親友以候其

媒〻乃携男家酒並哈達至女家云子弟行止好年歲好
女家父母親友喜允則飲其酒各受其哈達另日媒人則
將聘定之金鑲松見石戴於女之頭上名曰色賈仍以茶
葉衣服金銀羊腔牛腿各若干爲聘而女家以哈達回之
如不允則男家之酒一滴不敢飲哈達亦不受至迎娶之
時男女家必先延客數日亦以衣裙等物贈粧父母亦倍
嫁田土牛羊衣服其日不用車馬女家於門外搭一凉、棚内以方褥五七個高鋪於中將麥子撒於上寫花扶女坐於上父母傍坐親友列兩行而坐用小几桿擺菓食糖棗牛羊肉各數盤以茶酒米粥與女食畢二家親友則挾扶其女步行遠則乘馬送親親友各將青稞麥子撒其女女家各將蒙子哈達共結一處贈散親友送至男家各不行禮扶之與婿並肩同坐飲以茶酒片刻則扶開分坐親友各送哈達與男女長者掛於項平交放於懷内座前堆積

親友列兩項坐飲茶酒飲食畢携菓肉而歸至次日男女
父母親友男女俱穿華服項掛哈達擁新婿新婦遶街而
遊至其親友家不延入惟以茶酒送至街中飲之飲酒則
團團携手男女跌足而歌如是三日方止

夫婦配偶

西藏風俗女強男弱夫婦明媒正娶者少多皆茍合其差徭輙派之婦人故一家弟兄三四人只娶一妻共之如生子女弟兄擇而分之其婦人能至三四弟兄同居者人皆稱美以其能於治家凡做買賣亦屬婦人如做庄家紡毛線織毪子當為壯人皆笑其無能然不以淫乱為耻父母不知禁其夫亦不以為怪若有外交則明告其夫曰其人為

我之英獨而夫婦悅則相守不愿同處即自擇配他人

生產養育

其地生育子女不洗浴不剃頭落地特其母以舌舐之至三日即以青油酥油搽塗周身晒於日中數日即以糌粑調湯灌之多不與乳稍長男子教以書算或習一藝女子教以識戥稱作買賣紡毛線織氆氌不習針工不拘女戒然生育以女爲喜風俗信重喇嘛如一家之中子女多者必有一二爲僧女爲尼者

死喪孝服

死喪頗悪其地在西西方屬金故人死以金葬之人死不論老少男女以繩緊扎一塊膝嘴相連兩手交揷腿中以平日所着舊衣褁之盛於毛袋内男女羅哭用繩吊屍於梁延喇嘛念經以酥油送大小召點燈或數十斤者或有百斤者貧富不等將死者所有之物尽出以一半佈施布達拉以一半変賣延請喇嘛念經並熬茶施舍化子窮民

父子夫婦一物不存其屍放一二日或五七日背送剮人
場縛於柱上割碎喂狗骨於石臼内拃碎和糌粑飼之剮
人之人亦有碟巴管束每剮一屍必得銀錢數十個無錢
者棄屍於水則以爲不幸其喇嘛喂鷹好者以火化築塔
而親友吊問窮者則以銀錢一二個助之富者以哈達問
慰並送茶酒其孝服不設齊哀男女惟忌華服百日而已
婦人不戴耳環素珠百日不梳浴别無他忌富者時常請

喇嘛念經以薦亡魂至一年乃止

疾病醫藥

番人患病亦有醫藥其番醫名曰悉太氣所服之藥不炮製皆係丸散亦胗視脉息而後用藥但番人無分老幼小疾則以青油酥油遍身搽之晒於日中或無日以絨单覆蓋用柏葉燒烟薰之重者始珍脉服藥或刺血然淂病輕重皆必延喇嘛念經或朱巴念誦朱巴即道士之類或令童男女唱佛歌以禳之

占卜吉凶

其術藝一道各傳不同有等喇嘛以綿畫八卦書番字而占者有以青稞排卦抽五色毛索而占者或以素珠而占者或畫地占者或燒牛羊骨占者種種不齊然亦頗驗者大抵在所學深淺其婦人亦多會算卜者皆不枚舉矣

接交禮儀

自噶隆碟巴以至小番見貝勒頗羅鼐俱是卸帽於手伸舌打半躬垂手曲腰各自就坐凡進見必遞哈達一個如中原投遞手本之意若係平交則彼此交換爲禮即書信中亦必執哈達於其内蓋如我之投刺之意若路遇則側立抹帽垂手打躬其平民見噶隆碟巴頭人之禮亦如之自貝勒下至番民見有名呼圖克者皆卸帽合手三禮拜

曲腰垂手至法座前呼圖克以手抹頭一下謂之討捨手每於歲時年節貝勒亦必宴客或在家或於各柳林中上鋪方坐褥數層貝勒自坐前設矮方棹一二張排麵菓長尺許生熟牛羊肉藏杏藏棗藏核桃葡萄氷糖纏頭菓焦糖等類各一二盤其焦糖係黑沙糖同酥油熬成者長尺餘寬三四寸厚一指牛羊肉或一腿或一大方為一盤總在論時之豐薄兩面鋪長坐褥前亦挨設排列菓食之半

其嗐隆碟巴浪子蝦仲意等列兩行而坐或兩人亦坐或一人一席隨行人衆各就席後地坐每人給菓食一大盤食則齊食先飲以茶次以土巴湯再奶茶抓飯其抓飯乃纏頭細細所作有黃白二色俱以米作飯以水淘過內拌沙糖藏杏藏棗葡萄牛羊肉餅等類以盤盛手抓而繼飲蠻酒遇大節會延必選出色蠻婦十數人頭戴珍珠帽華服行酒歌唱逆來亦有唱漢曲者又有八九十二三歲小童

十数名穿五色錦衣頭戴白布圈帽腰勒錦條脚擊小鈴手執鉞斧前後相接又設鼓十面其司鼓者與小兒同粧進食一巡相舞之於前脚步與鼓聲兩相應接揆其義似紡於昔之八佾也食畢肉菓等物俱各携去不晋貝勒亦或請漢官筵宴以下至小民皆同而主人上坐不起立逈送若在主人之上者始讓之凡酒罐上必以酥油三點捏口上以爲至敬所食之碗皆係自懷隨帶食畢不洗各以

舌舐之其小番筵宴皆男女同召同坐彼此相敬歌唱酬荅竟日将散則男女俱團團携手跌足而歌之至門外街中飲唱而散富者每月二三次窮者每月一次惟童舞及音樂除貝勒之外皆無此設也

生意經營

西藏地方經營買賣男女皆爲其針工紡織則屬之男子通用皆係銀錢每文重錢半上鑄番字花紋名曰白丈以銀易錢而用之其次如易買小巧之物則以蒙子哈達茶葉酥油易換至市中貿易者有纏頭佪民販賣珠寶布疋紬緞線素等物皆由內地販來者有白布佪民販賣氆氇藏錦藏布卞契緞等物皆係布魯克巴天笠白勒布等地販

來者有歪物子𡶶賣藥材牛黄阿魏等類其他藏氆藏紬
䌰子氆氇藏布以及物食諸物土民男女易賣但不設舖
面案櫃均係就地擺放而易之

居住房屋

自爐至前後藏等處居住房屋皆係平頂碉房砌石為墻上覆石土有二三層至五七層者亦有大些房屋中堂必雕刻粧飾彩色於堂外壁上繪有一壽星圖像其四外土民多傍山坡居住惟甲噶地方有草房達子皆住蒙古包牛羊廠俱住黑帳房而拉撒境内大房頗多有容住數百人者有容數十人者舉其大者録之

干殿岡乂　又名五層樓高五層傍小召南係貝勒頗羅鼐居住

通事岡　傍大召北面高三層內可容五百人

班覺羅橙　傍大召西僅對門高三層可容八十人

三朱普拉　傍大召南高三層可容百十人

扎什浔里　傍三朱普拉西高二層曾住官兵

楮迷　傍扎什浔里南高二層曾住官兵

霍耳岡乂　傍三朱普拉東高二層曾住官兵

夾垻岡乂傍霍耳岡乂東高二層曾住官兵

傑里岡乂傍大召東半里高三層曾住官兵

班家沙傍大召東在馬市上高三層曾住官兵

孟中傍木鹿寺東高三層曾住官兵

王家邊垻傍通事岡北高三層曾住官兵

長老吉傍五層樓南高三層曾住官兵今貝勒女婿輔國公居住

喇嘛岡傍琉璃橋東北高三層曾住官兵

噶里結𡄯在大召東高三層係各處茶客店
百那岡乂在大召西北高三層曾住官兵
噶霍陰高二層在夾壩岡乂北昔塘兵住
三仲岡乂在班家沙北對門高三層
滑見若登高三層
工木腳六凨高二層昔爲城門在茶店對門今於上設卡巡
百戎蝦高二層

拉撒興廈高三層在大召南隅壁內大銅鍋一口裝水百十餘担乃喇嘛念經熬茶之所

那讓凝埧高三層

達拉沙高三層

不桑高三層

那藏衣高二層

三木情高三層

甲木戎高四層

黑多洛木扎高二層

拺脚白言高二層布達拉西城外可住二百人曾住官兵

狸㘞䮐高二層在布達拉城内係屯料豆之所

羊血康高三層係收粮各頭人公所在布達拉城内

以上俱係拉撒境内有名大房皆是商内官署

刑法律例

蛮人犯法有律例三本一本十二條一本十三條一本十六條内所載刑法甚酷大召傍有黑房数間乃其監禁罪人之所犯法之人不論罪之輕重皆值於内以毛繩四肢綑起聽候發落如二姓鬭毆致命者將死屍棄水兇手只罰銀錢完公並給屍親念經或銀若干牛羊若干追比全完而縱之無銀則縛棄水中籍没其家其搶奪刼殺者不分

首從皆問死罪或縛於柱上以鎗打箭射較射飲酒死則
割頭掛市曉諭或送狢貐令野人食之或活縛棄水或送
曲水蝎子洞令蝎子食之若偷竊大盗將全家鎖拿監内
追比或一倍三或一倍六或一倍九追完將正賊去目鼻
砍手凡犯重罪先以繩綑縛以皮鞭鞭數十掐放水内泡
將許去起再鞭之如是數次然後審之訊口供如其不認
以滚油滴其胸用火刀列其肉再不招則縛綑坐水中髮

分左右以繩牽之用白布朦面以水力澆不認再澆数十次於十指下油蒸如再不認而後縱放若受刑而死則棄水中其刑法之慘酷從未之聞至爭鬦打架告理者罰銀曲多直少自犯不告理者兩造俱仲重罰無銀則以長棍責釋如犯奸情止罰婦人銀錢多少不等或脫衣裙續罪或責處不等但凡犯法無論男女皆可於市中去衣責之觀其刑法可知其人民之頑風俗之惡矣

西域全書

程途全載

四川成都進藏程途遠近崎嶇路道

成都府至雙流縣四十里

雙流縣過黄水河新津河至新津縣五十里

新津縣至斜江河三十里

斜江河至邛州六十里

邛州至大塘鋪四十里
大塘鋪至北坫四十里
北坫至茗山縣五十里
茗山縣至雅州四十里
雅州至觀音鋪四十里
觀音鋪過飛龍関至石家橋三十里
石家橋渡滎徑河至滎徑縣三十里

棊徑縣至黄泥鋪四十里

黄泥鋪越相嶺大山至清溪縣五十里

清溪縣至泥頭七十里路平山小

泥頭至林口三十里路崎

林口過飛越嶺至化林坪四十里 家

化林坪至冷磧三十里

冷磧至瀘定橋四十五里

瀘定橋過鉄索橋至大烹垻三十五里

大烹垻至頭道水三十里過大崗山金鋼堝大小胡梯甚崎險

頭道水至打箭爐六十里路崎嶇

出打箭爐五里至貢諸橋下營支領口粮

貢諸橋至折多山根四十里有番民三四户店二座有柴草

折多過大山至納哇出卞七十里路不甚陡險有瘴氣有人户柴草

納哇出卞至尨磧四十里一路坦平有土百户一名草多柴少

瓦碛至東恶洛三十里路坦平有土百户一名

東恶洛過高日寺大雪山至卧龍石六十里山高有瘴氣柴草廣

卧龍石至八角楼三十里有人户有柴草

八角楼至德慶營三十里過雅龍江河西下營渡有皮船木船

德慶營至麻盖中四十里有人户有柴草

麻盖中過剪子灣撥浪工大雪山至西恶洛九十里山大有烟瘴夾壩出没其中恶洛有土百户二名柴草廣

西洛恩過小山至咱嗎納洞四十里有柴草無人户
咱嗎納洞過小山至火竹卡五十里有人户柴草
火竹卡過漫山至裡塘七十里有正副營官二名人户多有寺院徵有柴草不產五谷駐粮務
裡塘上漫山至吶哇奔松六十里無人户柴草有瘴氣
吶哇奔崧過山嶺下至海子塘過喇嘛丫大山至拉二塘一百里有人户柴草山路崎嶇有烟瘴夾堪出没之所
拉二塘過大漫山至蒙籠寨五十里有人户柴草烟瘴

業籠寨至立登三埧五十里 過二山無人户微有柴草

立登三埧過大雪山至大所七十里 無人户有柴草山路陡險崎嶇有烟瘴夾埧出沒之所

大所過大雪山至小埧冲一百二十里 有人户柴草天痠山路崎嶇險峻有烟瘴夾埧出沒之所

小埧冲至巴塘三十里 有人户柴草寺院正副營官二名天痠駐防兵粮務崎嶇險窄

巴塘過小山沿金沙江下至牛古渡四十里 有人户柴草産葡萄核桃葡萄酒

牛古至竹巴籠四十里 過金沙江河西下營有人户柴草渡有木船皮船以資過往路崎嶇窄狹自巴塘坐船一日可到

竹巴籠至工拉四十里 有人户柴草此一帶俱産核桃葡萄

工拉過空子頂大雪山至莽里八十里有人户柴草路寬爲夾壩出沒之處

莽里過漫山至南登六十里有寺院人户柴草又名漢人寺其寺昔爲雲南官兵所建故有是名其山名爲寧靜山上有分界碑乃西藏雲南巴塘分界處

南登過漫山至谷黍三十里有人户柴草烟瘴

谷黍過漫山至普拉三十里有人户柴草

普拉至江卡兒五十里有人户柴草有夾壩

江卡兒過大山至黎樹一百里有人户柴草烟瘴

黎樹過漫山至阿布拉塘五十里有人户柴草路稍平
阿布拉過二小山至石板溝四十里有人户柴草
石板溝過大山至阿足五十里有人户柴草瘴氣
阿足過二小山至洛家宗八十里有人户柴草少
洛家宗至𠆳了九十里多人户有大寺院駐糧務防兵少柴有草路崎嶇多石其地番人性野多竊盜
𠆳了至雨撒塘三十里路稍崎嶇有人户柴草此塘係西藏安設
雨撒過大雪山至昂地九十里有人户柴草山高陡險崎嶇積雪有瘴

昂地過大山至王卞兒九十里有人户柴草並熱水二道

王卞兒至巴貢五十里有人户柴草

巴貢過二大山至奔地一百里有草無柴人户少有烟瘴

奔地過大山至蒙布塘八十里有柴草人户路崎嶇

蒙布過大山至昌都五十里有人户柴草大寺院駐粮務官兵又名日康平此地乃西藏川滇三交界處又通餘樹納樹等處山高險峻有烟瘴至巴塘自此一帶夷性最頑好又有桑昂拜官角上下占充夾垻出沒其間搶奪行人

昌都至恩洛藏五十里有人户柴草路稍窄

惡洛藏至過角塘五十里有人户柴草

過角過大雪山至拉貢六十里有人户柴草山高積雪有烟瘴

拉貢至恩達六十里有人户柴草路險窄

恩達過尾合大雪山至尾合塘一百四十里有人户柴草此山相連者四雪瘴最很歷來斃命頗多

尾合塘過大山至麻里四十里有人户柴草

麻里過大山至三巴橋四十里又名假麦橋有人户柴草山路陡峻不險

三巴橋過狄工大山至洛隆宗八十里有人户柴草寺院並正副營官山高陡路窄險

洛隆宗過大漫山至紫㚷六十里有人户柴草大寺院路平有烟瘴
紫㚷至説板多五十里有人户柴草大寺院正副營官駐扎汛兵
説板多過大漫山至中譯六十里有人户柴草
中譯至巴里郎過大漫山四十里有人户柴草
巴里郎過賽兎合至拉子一百二十里有人户柴草山高陡積雪有烟瘴
拉子過小山至氷堪五十里有人户柴草正副營官路稍窄
氷堪至丹達六十里有人户柴草路甚崎嶇

丹達過沙工拉大雪山至郎吉宗一百一十里有人户柴草山高陡險積雪崎嶇有烟瘴

郎吉宗至大窩六十里有人户柴草路有兩道由山路六十里路窄險順溝走四十里路稍平夏水大漲則難行

大窩至阿蘭多四十里柴廣人户草少路平窄崎嶇

阿蘭多至甲貢八十里柴廣人户草少地生酥馬草苦馬匹悮食立倒路險窄崎嶇

甲貢至多洞六十里有柴微草無人户路崎嶇

多洞過魯工拉大雪山至擦竹卡一百里無人户柴草山不高而長積雪有瘴難行

擦竹卡過小山至拉里七十里有人户無柴微草有大寺院駐汛兵路平坦不産五谷天道寒

拉里過大雪山至阿咱五十里 無人户柴草不產五谷 山高陡險積雪有烟瘴

阿咱沿海子至山灣八十里 無人户微有柴草 路平稍崎嶇

山灣過尾子雪山至常多五十里 無人户柴多草少山高陡積雪 崎嶇有烟瘴又名翟拉山

常多至寧多六十里 有人户柴草寺院

寧多至江達七十里 此處乃工布西藏咽喉重地有人 户柴草大營官駐扎官兵防守

江達至順達五十里 有人户柴草

順達至禄馬嶺八十里 有人户柴草

祿馬嶺至磊達八十里遇大雪山無人户柴草山大積雪有烟瘴又名蒲各蒼

磊達至烏蘋江六十里有人户柴草以下至藏路俱坦平

烏蘋江至臨欽里四十里有人户柴草

臨欽里至墨竹工卡六十里有人户柴草寺院

墨竹工卡至拉末六十里有人户柴草寺院

拉末至得慶八十里有人户柴草大寺院

得慶至砌塘四十里有人户柴草大寺院又名菜里

刼塘過機處河至拉撒召地三十里（其河即藏江渡木舡皮舡惟此河水西流）

以上自成都起程由打箭爐又木多至藏雖程止五千五百九十五里而盡是層山疊水峯澗絡澤雨雪時來寒暄易更高阜之地則煖卑下之區則寒其雪瘴高峯之上四時窮陰凝閉日月慘淡不惟草木不生而鳥獸之跡亦所不至風能拔樹飛砂嶺堪接天捷漠有萬狀崎嶇之路無十里平坦之程怪石嶙嶙

如虎踞溪流曲曲似龍盤歷斯土者識爲勞矣

自打箭爐由霍耳碟草草地至察木多路程

打箭爐至拆多山根四十里　拆多山根至剔茄四十里

剔茄至尾七寨四十里　尾七寨至郎寨堡四十里

郎寨堡至扒桑寨四十里　扒桑寨至上八義五十里

上八義至泥馬塘五十里　泥馬塘至雀雉三十里

雀雉過山至拉池塘五十里　拉池塘至孜隆六十里

孜隆至甲撒褚七十里　甲撒褚至吉如褚六五十里

吉如楮卞過小山至章谷三十里
章谷下山至江賓塘五十里
江賓塘至竹窩五十里
竹窩過一山至勒公松多四十里
勒公松多過普玉隆至甘孜二十里
甘孜過河至白利三十里
白利至龍壩擦五十里
龍壩擦至阿里拉洛四十里
阿里拉洛至益隆六十里
益隆至碟草蓋小地名七登四十里
碟草界至羅敦六十里
羅敦至吉馬塘六十里
吉馬塘至林蔥五十里
林蔥至楮泥拉沱六十里

褚泥拉汔至春科過河五十里

春科寨至板的卞上半山四十里

板的卞上山下至巴戎三十里

巴戎至甲界六十里

甲界至江党七十里

江党至草拉六十里

草拉至草拉工三十里

草拉工過山至峡隆塔三十里

峡隆塔至哈甲五十里

哈甲至哈甲峡口三十里

哈甲峡口至冲撒得三十里

冲撒得過一山至热子六十里

热子至察木多四十里

以上計三十九站共程一千七百八十里路道平坦
草廣柴徼此一帶番民多住黑帳房以牧放孳畜爲
生微有烟瘴

自察木多由類烏齊草地進藏路程

察木多至恩洛藏五十里　恩洛藏分路至杓多六十里

杓多至康平多四十里　康平多至類烏齊五十里

類烏齊至達塘五十里　達塘至加末喇旋八十里

加末喇旋至江清松多一百里　江清松多至王岡松多八十里

王岡松多過四山至塞耳松多八十里　塞耳松多至拉咱六十里

拉咱過山至吉樂塘五十里　吉樂塘至擦陰松多即春奔色擦七十里

撥隆松多過山至姜党碉七十里　姜党碉至拉貢洞七十里

拉貢洞至汪族六十里　汪族至結樹邊卡八十里有人户大寺院

結樹邊卡至三大偏閔五十里　三大偏閔至噶咱塘八十里

噶咱塘至葛現多七十里　葛現多至拉里堡七十里

拉里堡分右手進滿至拉里界六十里　拉里界過山至吉克卡七十里

吉克卡至沙加勒七十里　沙加勒至積華郎七十里

積華郎至哈噶錯卡七十里　哈噶錯卡至胖樹六十里

胖樹至仲納三堪六十里　仲納三堪至納定同古六十里
納定同古至墨竹工卡七十里合進藏大路
自察木多至墨竹工卡合大路處計二十九站共程
一千九百一十里

自西藏由木魯烏蘇一帶至西寧路程

西藏拉撒至郎拉四十里有柴草

郎拉至們都三十五里

們都至井定鮮拜見七十里

井定鮮拜見至沙拉六十里有水田茬草

沙拉至達隴四十五里

達隴過鐵索橋至夾藏堪四十里

夾藏堪至羊拉六十里

羊拉至旦木東邊六十里

旦木東邊至魁天西里七十里

魁天西里至石傑老見六十里

石傑老見至噶久六十里

噶久至哈拉烏蘇西邊六十里

哈拉烏蘇西邊至郭隆五十里

郭隆至楚木拉五十里

楚木拉至綽諾果兒西邊七十里

自們都至楚木拉俱有水草無柴燒馬糞無烟瘴

綽諾果兒西邊至蒙咱西里六十里

蒙咱西里至蒙咱西里東邊四十里

蒙咱西里東邊至沙克因果兒四十里

沙克因果兒至泡河老六十里

泡河老至巴木漢五十里

巴木漢至索柯東邊六十里

索柯東邊至克諾木漢烏巴什五十里

克諾木漢烏巴什至吉利卜拉六十里

吉利卜拉至因達木四十里

因達木至阿木旦河四十里

阿木旦河至哈拉河洛四十里
哈拉河洛至卜哈賽勒五十里

卜哈賽勒至多洛巴兎兒五十里
自綽諾果兒西邊至哈拉河洛俱有水草無柴燒糞有烟瘴

多洛巴兎兒至湖浪河六十里
湖浪河至賽柯蚌五十五里

賽柯蚌至河清揷漢哈達八十里
河清揷漢哈達至揷漢哈達四十里

揷漢哈達至揷漢額爾吉八十里
以上俱有水草無柴燒糞有烟瘴

揷漢額爾吉至柯柯可旦五十里
柯柯可旦至柯柯腦兒五十里

柯柯腦兒至柯柯溝四十里
柯柯溝至木魯烏蘇河五十里

木魯烏蘇至哈拉河洛七十里

哈拉河洛至巴漢白彥六十里

巴漢白彥至烏河那腦三十里

烏河那腦至烏河那峽六十里

烏河那峽至白彥哈拉四十里以上俱有水草無柴燒糞有帽瘴

白彥哈拉至喇嘛托洛海川口五十里

喇嘛托洛海川口至道塞勒河八十里

道塞勒河至哈拉河六十里

哈拉河至哈麻胡六太四十里

哈麻胡六太至且克腦兒四十里即星宿海腦

且克腦兒至鎖里麻九十里即黃河沿

鎖里麻至荷葉兒打巴根七十里

荷葉兒打巴根至畢流兔河口七十里

畢流兎河口至畢流兎四十里
埕里卜拉至得命臘見七十里
哈喀烏索至登努見忒五十里
衣麻兎川至衣麻兎三十里
沙拉兎至木胡見七十里
哈套口至棰漠鄂惇見三十里
柯柯托洛海至堪布灘五十里

畢流兎至埕里卜拉五十里
得命臘見至哈喀烏索六十里
有熱水
登努見忒至衣麻兎川四十里
衣麻兎至沙拉兎七十里
木胡見至哈套口八十里
棰漠鄂惇見至柯柯托洛海七十里
堪布灘至哈什哈水五十里

日月根至駱駝脖項四十里

馬鷄溝至西寧城六十里

哈什哈水至日月根四十里

駱駝脖項至馬鷄溝六十里

自彥合拉至駱駝脖項俱有水草無柴徼有烟瘴此一

帶人民土番達子二種所居盡係黑帳房蒙古包以牧

放孳畜爲生自藏至西寧計六十八站共程三千七百餘

里

自藏出防騰格那見路程塘口

西藏至夾普三十里　夾普至浪子四十里

浪子至蟒里四十里　蟒里至得慶四十里

得慶至揚八景五十里　揚八景至卞子四十里

卞子至乾海子四十里　乾海子至桑駝洛海四十里

桑駝洛海至措登立嗎見五十里（即騰格那見）　措登立嗎見布至那根初多三十里（係騰格那見口子）

自藏至騰格那見計十站共程四百一十里（出揚八景）俱有水草此一

带人民霍耳达子二種所居盡係黑帳房蒙古包以牧放
爲生牛羊爲食

自藏出防餘樹卞崙路程在藏東北

西藏至噶拉堪三十里　噶拉堪至彭多三十里

彭多至墨隆堡三十里　墨隆堡至鄣仲三十里

鄣仲至松竹宗三十里　松竹宗至勤敢多三十里

勤敢多至朋多三十里　朋多至俊門三十里

俊門至納的七十里　納的至八不夷三十里

八不夷至桑多三十里　桑多至江足卡八十里

江足卞卜至哈拉烏蘇九十里
哈拉烏蘇至色你龍三十里
色你龍至噶里色覔卞六十里
噶里色覔卞至江古郎六十里
江古郎至温江松多四十里
温江松多至奪塞尔八十里
奪塞尔至格嗎尔卞五十里
格嗎尔卞至湯清五十里
湯清至江清八納卞八十里
江清八納卞至所曽頂瀼四十里
所曽頂瀼至納善塘五十里
納善塘至春科巢九十里
春科巢至甲里剛多四十里
甲里剛多至先布松多四十里

先布松多至陳布松多六十里
陳布松多至興東六十里
興東至必洛腮一百里
必洛腮至擦桑納六十里
擦桑納至曲尺松多六十里
曲尺松多至洒多坡七十里
洒多坡至噶閭一百二十里
噶閭至噶堡五十里
噶堡至魁欽八十里
魁欽至納馬蛮他一百里
納馬蛮他至江清八納那一百十里
江清八納那至餘樹一百里

自西藏至餘樹六崙計三十八站共程二千三百二十里自餘

撥又分防小卡四處

苦苦賽　白兎山

齊岔河　瀘古老

每處各安漢土兵数名偵防

自藏出防拉克産卡崙路程

西藏至夾普三十里　夾普至浪子三十里

浪子至拉咱見六十里　拉咱見至粗布五十里以上俱有人户柴草

粗布至阿里七十里過大雪山無人户有柴無草　阿里至甲仲八十里

甲仲至泥木根峯七十里　泥木根峯至族貢六十里

族貢至八各七十里以上有人户微柴草　八各至大雪山根五十里

大雪山根至臨宗卡九十里微柴草　臨宗卡至蘭卡五十里無人户柴草

蘭卡至熱党八十里有人户有柴草

熱党至甲蜡六十里

甲蜡至樂登六十里二處人户少柴草微

樂登至奥骨栢四十里有人户微柴草

奥骨栢至噶拉一百二十里無人户柴草

噶拉至賀洛五十里有黑帳房無柴草

賀洛至捶湯粗固七十里

捶湯粗固至日鐙七十里無水二處俱無人户柴草

日鐙至木慶九十里無水

木慶至栢林垻八十里二處俱無人户柴草

栢林垻至按列八十里

拉列至拉克產五十里二處有黑帳房柴草微

自藏至拉克產計二十四站共程一千五百五十里沿途俱有

瘴氣柴草微自拉克產又分防小卞四處
特布陀洛海離拉克產行十四日約程五百餘里其地甚
冷烟瘴大
拉克擦離特布陀洛海行七日約程三百餘里其地草微
無柴有烟瘴
厙克擦離拉克產行十三日約程五百餘里其地柴草水俱
微有烟瘴三處各派漢土兵數名偵防

扐克欽離庫克𢮦行八日約程四百餘里此地柴草俱無

不安兵每月前去查探一回

自藏出防崩卞立嗎兒路程

西藏至噶尔塡三十里

蒙古至乂立場末四十里

傑出至拉末六十里

烹多至熱正三十里

擦木桑至八達四十里

揆浪苦至三塡三十里

噶尔塡至蒙古五十里

乂立場末至傑出四十里

拉末至烹多八十里

熱正至擦木桑五十里

八達至揆浪苦七十里

三塡至奪洛得塡七十里

奪洛得塡至哈拉烏獏七十里
哈拉烏獏至胖米麻六十里
胖米麻至阿木多八十里
阿木多至挍順吶哇六十里
挍順吶哇至憂木吶熱麻五十里
憂木吶熱麻至兎尔居五十里
兎尔居至熱麻拉撒七十里
熱麻拉撒至巴思拉末朔八十里
巴思拉末朔至白古末馬八十里
白古末馬至布古江六十里
布古江至遮龍七十里
遮龍至楚隆八十里
楚隆至彭卞六十里
彭卞至崩卞立嗎見五十里

自藏至崩卡立嗎見計二十六站共程一千五百一十里

又自崩卡立嗎見分防小卡五處

噶爾藏胡乂

托克托賴

立拉撒

必隆

崩卡立嗎見

自藏出防生根物角卡崙路程

自藏至騰格那見十站共程四百一十里

騰格那見過大雪山至哈隆七十里　哈隆至雅雀三十里

雅雀過大山至錯隆角六十里　錯隆角至欺馬多隆二十里此處有黑帳房旗烏拉

欺馬多隆過二山至大海子五十里　大海子至白納辛四十里

白納辛過一山至白噶哈力木六十里　白噶哈力木至吉都烈路七十里

吉都烈路至拉卡見工多六十里　拉卡見工多過一山至八拉五里

八拉過一山至査木哈四十里

査木哈過二小山至郎卡六十里

郎卡過一大河至大塩池九十里

大塩池過一山至卡雨哈二十里

卡雨哈至西于工布四十里

西于工布至哈于工布五十里過二山

哈于工布過一山至達于莪所五十里

達于莪所至恩達哈四十里

恩達哈過一山至星于哈崗六十里

星于哈崗過三山至色爾松多八十里

色爾松多過一山至生根物角五十里

自藏至生根物角計二十一站共程一千五百一十里

沿途處處有瘴氣柴草水俱微少多燒糞

自藏由楊八景至噶爾藏胡乂路程

自藏至楊八景六分站共二百里俱有人戶

峽布至桑陀洛海七十里

楷定馬奔至桑白馬丁四十里

喇定初多至騰格那見界五十里有大海

郎錯過大山至邊中六十里山頂上有海子

童錯至海子頭四十里

楊八景分路至夾布四十里

桑陀洛海至楷定馬奔五十里

桑白馬丁至喇定初多五十里

騰格那見至郎錯五十里小地名婆隆角有海子

邊中過三山至童錯八十里有海子

海子頭至提得爾六十里

提得爾至邦塘五十里

巴桊了至凍錯七十里

邦塘至巴業了五十里

凍錯至葛爾藏胡乂七十里

自藏至葛爾藏胡乂計二十一站共程一千零三十里

自藏由江孜一路至後藏扎什隆布路程

西藏至沓塘七十里
沓塘至降里四十里
降里至曲處五十里
曲處至巴子五十里
巴子過大山至白地一百里
白地至郎噶子七十里
郎噶子至咱納五十里
咱納至勒龍六十里由左手分路通布魯克巴
勒龍至郭喜六十里
郭喜至江孜七十里
江孜至壯子五十里
壯子至邉郎五十里

邉郎至娘地及布六十里　　娘地及布至扎什隆布四十里

自藏至扎什隆布計十四站共程八百六十里

又自扎什隆布由咱黨一路回前藏路程

自扎什隆布至洛竁四十里　　洛竁至色木多一百里

色木多至年木朗多一百二十里　　年木朗多至能本宗九十里

能本宗至沙楮卡八十里　　沙楮卡至咱党七十里

咱党至白地七十里　　白地至巴子一百十里

巴子至曲水五十里　曲水至能工巴四十里

能工巴至獨隆崗四十里　獨隆崗至前藏三十里

自後藏走前藏小路計十二站共程八百四十里

自西藏至布魯克巴路程

雍正十三年正月初二日自藏差委千總李仁貴送

勅賜布魯克巴諾彥林親等三部落

勅印紀録

西藏至棻党七十里 有人户田地柳樹柴草微少

棻党至扎什彩六十里 有人户田地柳樹柴草少

扎什彩至巴子八十里 有人户田地柳樹柴草少

巴子過大山至白地一百里有人户土官無柴草少

白地至郎噶子七十里有人户土官無柴有草少

郎噶子至勒龍一百一十里有人户不多無柴有草

勒龍向左分路至列龍七十里有人户土官田地無柴草少

列龍至殺嗎達五十里有人户田地無柴草少

殺嗎達至噶拉六十里有人户田地無柴草少

噶拉至遐拉五十里有人户田地有柴草少

遐拉至帕爾六十里少有人户田地無柴有草係布魯克巴噶畢西藏三交界處有大碟巴並領兵馬代奔

帕爾過山至香浪四十里有人户係土墻夜棚碉房有柴草水田出稻谷其節令天道與中國同自帕爾過山即産各種竹木

香浪至仁進步七十里有人户柴草其出産與香浪同

仁進步至東噶拉三十里有人户柴草出産亦同香浪

東噶拉上半山至喇嘛龍四十里有大寺院人户少又不如香浪

喇嘛龍至西木多五十里有人户柴草大寺院寺内所住大喇嘛吉賽古書即諾彥林親之地避夏住此即在此承領勅印

西木多至扎什宗三十里有人户柴草大寺院乃諾彥林親避暑處伊之勅印即放此處承領

自藏至扎什曲宗計十七站共程一千零四十里自扎什曲宗前行二日地名厠帑郎諾彥林親住居處其地頗熱產稻谷豆麦蕎黍稷各樣瓜菓蔬食鵞鴨犬猪等物彷於中國其西木多扎什曲宗二處天道稍寒故諾彥林親夏月避暑居於此地

自松潘黄勝関出口至西藏路程

黄勝関出口至西河口六十里 有柴草水

西河口分路至出皂八十里 有柴草水

出皂至甲望麻望七十里 有柴草水

甲望麻望至殺鹿党五十里 有水草無柴

殺鹿堂至八罵六十里 有水草無柴

八罵至江地克里罵六十里 有水草無柴

江地克里骂至龍溪頭八十里有水草無柴

龍溪頭由揰漢拜勝分路向正西至途神兎過湟河至吾

浪蟒七十里

吾浪蟒至宗卡尔八十里

宗卡尔至揰漢秃漢七十里

揰漢秃漢至殺那吾旧七十里

殺那吾旧至七氣哈賴六十里

七氣哈頼至安定堪七十里
安定堪至土神兎老七十里
土神兎老至塔卉𣲖洛害五十里
塔卉𣲖洛害至丹仲營六十里
丹仲營至下牒論頊六十里
下牒論頊至中牒論頊八十里
中牒論頊至上牒論頊八十里

上牒論頂至吾浪牒論七十里

吾浪牒論至骨路半所利罵共四站每站六十里透西寧進

藏大路

自黄勝關至骨路半所利罵交西寧進藏大路枯枯賽計

二十四站共程一千五百九十里

又由西河口分路至西寧河州各處路程

西河口至雜牛洞七十里有柴草水

雜牛洞翻郎架嶺山至栢香林八十里

栢香林至大草場五十里

大草場至荅覔寺四十里

荅覔寺至下包坐五十里

下包坐至潘州六十里以上俱有柴草水

潘州至龍溪頭八十里

龍溪頭至獨磘史庫六十里二處有水草無柴

獨磊兵庫分路向北走至熱党六十里有柴草水

熱党至獨論六十里有柴草水

獨論至丹論八十里過二大小山有柴草水

丹論至納布鍋八十里係挾溝一道過洮河此河係洮河腰上又過溝一道有柴草水

納布鍋至換隋八十里過小山有水無柴草

換隋至旧洮州八十里係小山坦平有水草無柴柴此處設守備一員兵丁一百五十名

自西河口分路至旧洮州十四站共程九百三十里

又由獨磊虫庫分路走瓚葫蘆至西寧城路程

獨厓虫庫至物藏六十里

物藏至瓚葫蘆四十里二處有水草無柴

瓚胡蘆分路至揀漢拜勝七十里有水草無柴瓚胡芦分路湟河岸二十里有水草無柴

揀漢拜勝至補勒哈数六十里

補勒哈数過大山至憂納圖六十里

憂納圖至八哈海牛圖六十里以上三處有水草無柴

八哈海牛圖至安這个兎四十里
安這个兎至吾浪六十里
吾浪過大山至拿木漢六十里
拿木漢至八勒布哈七十里
八勒布哈過一山至蟒納八十里
蟒納過一山至郎岸七十里以上六處俱有水草無柴
郎岸至歸德城八十里係漢人設守備一員所千總一員兵丁一百四十名屬河州管轄

歸德城過湟河進溝至果察六十里

果察過大山至康城溝八十里

康城溝至盡爛門申仲五十里

尽爛門申仲至西寧城六十里 以上有水草柴

自獨磊乘庫至西寧計十七站共程一千零七十里

又自熱党分路向北走河州路程

熱党至江托六十里 有水草無柴

江托至洮河腦六十里有水草柴　洮河腦至多提八十里

多提至黑鏟五十里　黑鏟至捨納八十里以上三處俱有水草柴

捨納至殺馬關八十里山一座有水草柴　殺馬關至河州城七十里

自拖党分路至河州計七站共程四百八十里

又自八哈海牛圖分路向正北走至西海路程

八哈海牛圖至吾浪勒莘六十里

吾浪勒莘至八漢圖勒莘七十里

八漢圖勒葦至一凱圖勒葦界六十里
一凱圖勒葦界至一凱圖勒六十里
一凱圖勒葦至撫漢龍木漢七十里
撫漢龍木漢過湟河至撫漢甑海六十里
撫漢甑海至西海一百三十里
西海至西寧三站共程二百一十里
自八哈海牛圖至西海計七站共程五百一十里

西域誌攷下卷

云龍州知州

遵札卑州造報採訪志書彙冊呈報

雲龍州志

藝文

三物之教藝居其末四科之目文列爲終古人原不尚文也然居今稽古無文不行雲郡久霑

盛世綸音之播前輩著作之文與夫騷人之吟咏有關於掌故風化者亦不容没兹特採而録之以供披覽焉志藝文

明 [illegible]

題五白二井爭行塩地方疏　巡按潘濬南海

題為五白二井紛競無休謹畫疆定課以一羣情以裨鹺政事議照滇南塩井白井居其東為姚安屬五井居其西為大理屬風馬牛不相及也介而井閒為行塩地方彼疆此界咏喙爭鳴案牘不啻山積而總以鶴慶為競端五井曰吾所專行也爾胡我侵白井曰吾得兼行也爾胡我

恡顧鶴慶食塩積漸以來牢不可破蓋白塩色
瑩味甘又無崇岡峻嶺之限而輦負易五井塩
色黑味苦加以崇巒絶澗之隔而灌輸難隨歆
厥而吐茹人情自然而然亦事勢不得不然故
白井地日闢矣而鶴脛雖長莫可斷也五井地
日蹙矣而鳧脛雖短莫可續也而鶴慶北連川
境一二狡黠奸商又欲以川塩行於鶴慶常假
名五井白晝通衢窘白井商販而攫其貨且時

訟於官鶴人殊苦之三十五年鶴郡曾建議調
停裒益而兩井灶丁柄鑿相持竟同道傍之舍
大理姚安兩府官又至為其屬互分左右袒滋
唇舌而虧國課何利之有馮臣委永昌通判伍
禮順楚雄推官胡亮以局外之人平局中之事
集衆酌處而議始定以鶴慶明攺歸白井而五
井不必躭烏有亡是之空名自甘逋課之實害
以鄧川浪穹仍歸之五井而白井不得襲假道

減號之故智再肆攘奪之陰謀地贏課與俱贏
白井歲增叁百兩也地絀課與俱絀也五井歲
減叁百兩而二屬順盪一屬師井也剖土析壤
之内為定囂息棼之圖酌盈劑虛之中寓抑强
扶弱之意輕重適均彼此各得兩井灶丁亦始
心安意肯更無復異同而通商裕課於焉攸賴
矣課額增減臣可徑行至定行鹽地方非惠邀
明旨無以垂令甲而戢人心理合具題伏乞勅

下户部覆議上請臣欽遵令各勒石永遵施行
稗益滇餉非淺鮮矣事在萬曆四十八年
王澥曰雲郡重山陡壑田不足耕民人之輻輳
者惟事煎煑銷售之處烏可不亟定耶鄧浪窑
邇
井地歲銷額五十萬觔資以辦課視為固然豈
知自先生入告始哉鶴慶去井差遠而情形向
背前後各殊上牛街無鹽可食五十四年間詳
請道憲蒙批歲銷雲井萬觔此又事之不可執

一者詳之於册俾知所由來焉

分守金滄道叅政彭公平猓頌德碑

萬曆四十八年　御史潘一桂

粤稽雲南實漢郡縣慨唐政不經封疆之吏弗諳遠略始而滋萌既乃僨機一挫弗振遂舉職方版圖委而棄之自唐終宋沿蒙暨段幾有千祼我明高皇帝蕩以神武漸以文教平甯熙洽二百年於兹適者雲龍州逆酋進忠故段酋别部

恃其强固數加淩㬥旋謀簒奪驟襲嘉龍殺之殘裂肢體僭據矯命寬之勿誅猶弗悛弗戢歹謀叢急治械儲餽刼戮横肆飈來颺去為大永諸郡憂萬曆庚申歲我萬載彭公以叅知銜命守金滄兼攝分巡窰授指畫於今撫臺吳興沈公儆炌前直指南海潘公濬既抵鎮廣詢熟諳聚米畫地得其險扼所在進兵所由計計非五萬衆不可公曰厶魔狡寇急之則困獸不且為

逸虎惟計致之則一籠鳥耳廉諸郡僚得其精練警敏威信素著者永昌陳郡丞大理陸司理麗江程倅雲龍州牧各授方畧或揚我皇威或昭我大信或攜其腹心或離其儔黨左提右挈前犄後角舉逆寇所恃為長策而萬無一危者殲蔑得其要領而褫其神覓賊遂進退齟齬應援道絕乃偽托赴愬希騁詭辯冀緩須臾且倚跋扈故態擁衛强兵逼城而陳名為待命將出

於不意以得志因率逸衆由永平間道驟抵大
理乃公之分布已定賊適入彀中命薛中軍陳
裯卜揮使一鼓擒縛諸脇從罔治諭而遣之不
遺一屐不僇一人隨矜撫餘民則鏟崖濬壑險
歷猿攀猱接窮其巢窟搜獲藏鏃數斗儲械無
算議者乃服公成算云竊惟滇徼諸彝世以爵
土為我外藩巨藪深山易於伏莽所貴牿角犢
牙得機早制弧張阱設相地施方防則搏噬之

兇自匆及熾乃蠢爾小醜寬以恩而勿格倒以柄而愈恣若養癰疣不忍割決尤而效者觀望踵也起非公沉幾妙算及諸大夫宣勞運奇必勤大舉滇西諸郡雲龍生靈豈能安枕乎夫張吾三軍以斬馘奏功未始非聲罪致討之宜也然雖仁人不忍言而智者尤有萬全之慮焉若交寶故事可鑒已孰有兵不試而威震費不殫而功全殄積年之大憝貽列郡以永謐斯民之

爰止是土者食平定生全之福其祠廟尸祝當
從萬禩何紀極耶周守首奉公密計躬履危險
備極勞瘁知公功最詳載公德最厚謂不可無
紀以詔後世乃屬一柱為之頌其敢以不文辭
謹志其畧如此公名自新號祖銘壬辰進士江
西萬載縣人陳丞錫爵廣東南海人陸司理德
龍貴州都勻府人程倅文彝貴州新貴縣人周知
州憲章貴州思南府人薛中軍來徵郡太守子

陝西咸陽縣人揮使陳諫周承趙太理衛世官繫以
詩曰西南郡縣自漢元封固以外藩界啟雲龍
黑水為池表鎮崇峯唐治不經滛黷作亾赫赫
天疆畫畀蠻賓明德開天統一區宇汎掃炎氛
漸以干羽舂兹歸正世作藩輔詎謂異孽鍾有
猰貐戕類賊親恣睢跋扈弗治彝狄大我皇仁
德不可懷亢頑弗悛負彼狡穴治械儲囷刼衆
張威慘戮邊民襲酋篡奪奄有蘭津壓我牧伯赫

斯震怒爰整戎旅尅期師度彭公至上淵慮却
顧諒茲小醜跳梁魚鮒但叩囊底寘煩搜捕乃
豁然并籍以前籌慮受轉圜才智兼收上策攻
心乃亂乃謀進退趑趄狼狽而投伏莽升陵險
譎深幽螳臂猶恣適罹兔罘一鼓盡縛不試戈
矛反首接足斷領懸髏封豕既殪萬口勝謳誰
其貽安方岳列侯祠貌社稷報祀千秋欣為王
民耘耔田疇薄賦輕傜化日優游凡爾百彝共

戴天休道族殄除順則懷柔恪保乃世毋為後羞

建城碑記 天啟四年 失名

天啟壬戌春作雲龍州新城於彩鳳山之陽扼險要志安集也州為榆西北屏蔽介在永大騰麗之中雜漢彝治之其形勝之壯全在三崇黑水為之雄要乃段酋制御無術孽亂屢作往往廑當事慮將百年於茲而煽禍益烈於是借箸者曰改流便則改流又曰徙治便則徙治夫始

建邦者不治於闢聚之井地而治於榛莽之荒原彼豈是懵不擇利便而若放於荒遐者然則甑噉振領之深計必不貺小安以忘遠略也矧以小醜跳梁自縮地則日闢百里者果好勤遠畧而蹈輪臺之轍者乎我憲伯兵使熊公公諱鳴岐當逆寇猖獗之時首於滄水部開府仗鉞既振之以天威復綏之以文德近悅遠服椎髻之長鳥語之卒膽裂神讋而神謨秘計發縱指示先

事制禦遑窘不得動動輒就縛果不出君所籌畫既而縛亂賊易拔亂本難除一時之亂易奠後日之安難不辭勞瘁躬歷州境覽其山川相度險易乃憮然曰天然名區真州鎮也淪為彝壤迨此始開而復欲置之文教外者先是知州剛慤章力以還治其地建置城池請公遂大是其說謂舊治特此地偏閏位乃測之以土圭定之以方中得勝地於崇山於之陽彩鳳之岡厥

壤維剛厥泉維洸滄江汪洋而前抱三臺面拱而迴翔經之營之民爭赴之乃畚乃鍤乃版乃築祹甓獻材般倕構製甲子春告成麗譙巍而四峙禁門穹而三闢周垣控鎖乎坤維粉堞雄倖乎百雉官廨治署百爾具備其士若民始知其形勝之可據自慶今後咸袵席以宴息也然余聞之人情可與共危而難與共安方今冦亂盡殄城守可憑毋耽懷土毋滞重遷毋便曠逸

毋憚禁閑急綢繆其户牖防陰雨於未然思保
障之衛民同緩急而周旋則我公之德澤貽爾
民生全之休斯實受永永無極也哉敬拜手颺
言而頌之曰粤維遐封壤闢雲龍六服稱荒巍
巍崇峯黑水淙淙九土云梁封豨横縱巴虵當
衝暴戾披猖弄戈作兇萬心忪忪日浸月長為
謀曷蠢自摧爾鋒爰縮其疆俾奠嶽宗山甫其
手廟略堂堂威建牙種窑布罘罿我武維揚首

殪渠賓罔治協從恩沛瀾滄濡彼喁喁撫育歸
農稽首頌慶淨剪蒙葺葺崇以高墉定之中央
試鼉鼓鐘城郭門重憑有金湯耕稔稑穜賦稅
恪共保茲樂鄉銘公之庸元鼎鴻鏞筆研為香
願普陶鎔萬方交逢永戴平康

遷建州治碑記 天啟四年 知州周憲章思南

善運天下之勢者握其樞而已樞於天為辰極於
陶為鈞軸握其樞則張弛闔闢惟其所運臂指

之勢所以成也昔張韓公之築三城种世衡之
城青澗皆灼見夫事之情形而運奇扼要直據
人肺腑中卒以制戎彝之命而邊圉稱無事得
其樞也真闢土攘彝之威畧甯瑣瑣蓄縮者之可
共語哉雲龍州雖僻在萬山中然其形勢之雄
擅挽之要正榆西諸處樞也萬曆末禩以段遙
之弗克振而禍亂屢作臺議更其絃轍而治以
內地法用流守守之此實窮變通久之善制而

議者遂并州治移之井司此無論沿名棄實而
於建邦啟土扼奇制勝之大計得毋未之思乎
矣以狡冦竊逋則策期萬全道宜慎重業既憑
仗皇威懸首蠻邸則審搤吭之勝圖建瓴之勢
以奠百世之安者策當於是始憲章受任於危
難之際驅馳於荆棘之塲既文且武亦牧而帥
當段逆之甫靖即深計乎還治之為先務也牒
陳雨臺皆報可會兵使熊公以撫安善後至躬

為相地畫城基定治所始得副其初志然以經
費之浩繁欲中寢者數四憲章乃悉心措置廉得
段逌所擅財賦為私積者千餘緡呈請以為營
建資而事乃克舉由正堂內堂而若倅若尉以
堂計者四以樓寢者三六房及各翼室以楹計
者二十四由儀門旁及各廳以門計者五統會
於譙樓之正門土地有祠倉獄有所衆制皆備
而立基之崇皆因其山麓而以層級而升蓋茲

役之成有三難焉憚險遠者曰昜舍井司之安而即危利熙穰者曰奚事寂寞之野而寡營慮財用者曰孰是無碍之需而給費者然事有一勞而永逸小費而大利者是非常之原黎民之所懼也夫以崇山黑水之雄獨於亂山蒼莽之中灣環敵啟此天造地設之奥竄以提挈𢑱夏之要樞也有此要樞自宜有此名鎮以據天地自然之形勝而以拱衛天朝於億萬世實韓公

世衡老成百鍊之智顧可尋常測也哉經始於
壬戌落成於甲子勞費俱殫一時分領其事者
蓮幕福閩謝昌達龍溪劉時化盩倉大使瀾滄
趙必登樵李陳孚龍楊倅德政以後至而贊襄
之功亦多焉
王洊田州治既遷創製附贅矣三七僻在江尋
聲息罕通改建雖井非惟課賦易理亦居重馭
輕之義云然也丙申一至其地見其山勢逼促

頽址狹小皆無足紀然值逆孽鴟張之會周公
之經營不可終沒用存二作以備當年之逸事

本朝

修建學宮碑記康熙　知州顧芳宗上虞

楪榆為滇右名郡領四州三縣而雲龍獨處西
陲距郡治五百餘里較他屬最遠無城郭庠舍
諸務草創蔑如也先是蒙氏段氏竊據其地由
唐迄元屢啟邉釁殆無甯日明初始歸附向化

焉然因陋就簡疆里雖入版圖人民仍隸土司
管轄其民顓愚其俗獷悍椎魯未諳文教至萬
曆間改土設流始立學校駸駸乎稍知大義矣
國朝定鼎以來車書一統教澤覃敷凡海隅日出雕
題黑齒之屬莫不漸以禮樂廸以詩書君師之
統無遠弗届况雲龍久内附者耶歲戊寅余奉
簡命來牧是邦詰旦謁
先師廟唯見歸然靈光獨存一木難支勢不至鞠為

茂草不止禮畢欷歔良久揖諸生而詢之僉曰
州之有學宮前此不可攷矣明萬曆庚申始建
於西山之麓形勢家以為未善康熙辛酉黃岡
張使君來涖吾州詢謀僉同契龜而改卜於此
規撫畧具又不久旋去後之官斯土者方簿書
催科之不暇而遑及此乎棟折榱崩漂搖風雨
文治之不彰都人士之不幸也余慨然曰士生
今日值

聖天子右文盛世臨雍講藝執酳有年其在鄉學增
廣博士弟子解額丕振文風又
御書匾額懸諸廟庭鼓勵多士而雲龍以邊徼天
末廟貌頹敝一至於此誰之咎歟遂毅然以為
己任不敢謝不敏也壬午秋余捐俸若干以為
倡始州之紳士亦皆懽欣鼓舞鳩工庀材以佐
余不逮諸生楊翔鳳輩首肩其任而楊彥章若
而人繼踵其成余則經營而壁畫之其一切竹

屑木頭纖悉不遺匠石資直先時而給者兾成之不日而萬民若也甲申六月落成輪奐聿新肅然生敬遠而望之為門為堂為先師殿為黌垣上舍近而即之為祠為廡其後為啟聖宮秩如也稽類宮古制戟門外建鄉賢名宦祠中作泮池池之上有橋橋之外為櫺星門以障之殿廡之側鏞鐘鼗鼓春秋冬夏課諸生於其堂而規制始備今乃於櫺星門外穿一小池無鄉

賢名宦祠又明倫堂遠在二三百武之外不相
聯屬於制俱未合余特鼎而新之建祠於大成
門之左右外爲櫺星門又其外爲泮池池上爲
青雲橋橋兩翼建義路禮門遷明倫堂於其右
廓齋署若干楹建魁星閣更推崇所自叔啟聖
宮而寢成孔安獨泮池在櫺星門外心未慊焉
然功成勿毀且限於地毋紛更也是役也觀瞻
嚴肅廢墜畢舉秋祭時都人士從釋奠後復進

而請白州學頗圮已久賴神君因而葺之不擾民不傷財而人心踴躍不可無以志之用垂不朽余唯唯否否曰學校之興廢人才之盛衰係焉今

天子在上崇儒重道興賢育才而遠近蒸蒸翕然炳蔚為州牧者承宣德意以振起斯文有司之職也烏乎志願自今以還戶誦家絃興仁講讓越明年而登賢書者某某矣越明年而售南宮者又某

某矣科第蟬聯綿綿不絕以修之家者獻之於
廷作它日棟樑之用奕世而下猶得遥而溯之曰
吾州騰蛟起鳳甲六詔兩迤自越州某使君始
也則幸甚矣一時司鐸暨諸緒紳士皆掀髯大聲
稱善即以余言勒之於石余亦不得而固辭焉
其諸捐資及董其事者不可略也例紀諸碑陰

小雒馬山郵亭碑記康熙　知州顧芳宗上虞

古者列國之風諸侯采之以貢於天子以天子

受之而列於樂官於以考其俗尚之美惡而知其政事之得失二南為正風所以用之閨門用之鄉黨用之邦國而化天下十三國為變風則亦領在樂官以時存肄備觀省而垂法戒良法美意誠鉅典也自巡狩之禮廢而采風之使邈矣無聞後之詠皇華者若二使星之來益郡花石綱之徧江南不過覘其虛實為窺伺箕歛之計而已可勝悼哉雲龍雖僻在西南鄙然而南

連永緬北通麗水西亘潞江東扼楚豫滇黔之衝故夫英君喆相與四方之賢人君子皆欲考政而問俗焉而鳥道紆迴懸車束馬難以飛渡一當春夏霪潦之交洪波汨没褁足不前蛟螭窟其中而猿狖號其上昔人云蜀道之難難於上青天以五雲甸較之覺蜀道猶為坦途也余自戊寅夏叱馭至此援木鑿石次第興舉又募五丁手伐崖石燔石建郵亭十數椽於小雉馬山

顛瞻蜀漢之儀像可以作忠瞰隔岸之温泉用
以祓濯側聞
聖天子南廵狩有事於衡嶽必將命太史輶軒以
采民風為州牧者視塗視館高其閈閎厚其墻
垣加之以丹艧黝堊焉所以重
王命也若夫行道之人旨蔽風雨義漿之設解相
如渴特其餘事耳成子志者州之紳衿竈屬者
舊其始終部署耐任勞勩者李椽象天其名

重建城隍廟碑記 康熙四十四年顧芳宗 上虞

州之有廟所以理陰而贊陽也攷之古初城隍之神不載祀典趙宋時名臣特題具請以為有功民祀勅令與山川風雲雷雨壇而並祀明洪武初削平羣雄詔諸死事之臣無嗣者特諭州郡邑有司祀為城隍之神春秋以時報賽之凡境内一有旱乾水溢疾疫之災冤抑不白之事守斯土者得以牒文申愬彰報應默為補救月

朔望刺史必率屬僚躬叩堦墀肅敬盡禮以資
其捍禦金湯之功 本朝因而不變有其舉之
莫敢廢也典綦重矣雲龍州改土設流治向在
江外三七之地茲地舊名五井其曰五井者金
泉石縫河邊井民居新井與雒馬統而為五井
也雒馬井為鹽司之治則所祀者亦不過為鹺
課奉事之神湫隘囂塵固其所也已
本朝開滇以來江外舊治悉為瓦礫之場仍遷州

於雒馬砥柱橋之西北德龍山枕其後沘水環
其前雖相度形勢築城浚隍事尚有待而一州
廟食行將與雨暘而並壽業已為理陰贊陽之
主而制度草創非所以光祀典也康熙二十年
黄岡張君來刺是州稍從而黝堊之歲久傾圮
剝蝕難支廟在公堂之南朝夕必見余受任七
載於斯默禱於心必欲𠘧建一新以式廓其規
模而基址未廣何以闢之棟樑未儲何以度之

匠石未施何以給之欲為一勞永逸之計而力不逮心鮮終貽譏慢神虐民兩者交失未敢率畧行事乙酉三月閱邸抄倖邀
聖眷量移比部副郎交代就道有日喜愧叢集終以廟事未舉歉歉如負芒刺次日即捐俸若干兩付諸生楊彦章王勉學等鳩工鳩材以酬夙志猶惴惴焉未敢遽必其成也不意庶民子來六科劾命紳士主其綱而工役勰為力廟之西

南拓基二丈許一瓦一椽如有神助不日告成
事廟貌爽塏高敞較諸前日而更加倍焉人有
是心天必佑之思若以啟行若以異語有之曰
人定勝天詢非誣也余今行矣與諸父老別矣
願州之人士時和年豐受茲景福歷億萬禩無
疆以世其子孫焉因謹勒其年月時日時始末
以告後之來者
温泉碑記　　　　丁亮工

余之守雲龍也五年於兹矣半老倦於政事公餘偶暇癖嗜尋芳一日步於署之左偏地名石城有温泉出山半清且香為六詔第一泉州人皆就浴焉泉之前奇峯若屛壁立千仞行人登眺如飛鳥閟雲飄然天半泉之左雷鳴獅吼瀑布高懸泉之下則又安瀾瀠廻寒潭澄碧游鱗皆現泉之巔半空飛洞疑有仙居因顔之曰别有洞天泉之石沙渚汀洲遊人來往編竹筏以

渡真勝地也惜乎有泉無屋州人士女露浴其中殊苦不便余曰此太守事也遂鳩工庀材搆數楹其上盈尺之間有樓焉有守焉有橋焉有亭焉有郇氏之庖焉有出泉之龍有伏水之豹焉於是都人士羣相告曰太守之為我謀者事雖小而流澤長我輩沐浴其中而寢處其下無虞風雨之不蔽矣予則曰未也褰裳而濟奚若伐山可通謀諸匠士氏另闢蹊徑無俟濟涉而

可至捐義田半頃置守者以司啟閉工既訖都
人士舉觴為余酬曰泉之生也天地之功泉之
成也太守之力今日者覽勝之際樹木蔭翳鳴
聲上下可賦詩逸興湍飛可鼓琴絃韻幽響可
點碁子聲錚錚可放舟順水中流而莫知其所
止可網魚行歌互答舉樽匏以相屬可賞花繞山
紅紫有如隋宮剪綵可觀燈熒星上下有如秦
樓張樂可玩月瑶天清籟又如蕭寺談禪遊斯

泉也此樂何極余曰噫嘻異矣此良刺史醉遊事也畱以俟後之來者

尊經閣記

王澣

六經者致治之書也孔子者經學之宗也國學鄉學廟貌而崇祀之亦欲使以時習禮於其地者宗孔子便知講求服習夫經學以為致治之具然則尊經閣之設於學顧可緩哉雲龍雖僻在西鄙而井里山河儼然郡也膺鄉薦者雖鈌

有閒而子弟之俊慧者尚不乏也無如典籍罕
備人不知經並學無貯經之閣稽之古制蓋有闕
馬癸巳春余承乏是邦尅期創建司鐸者李君
不息嗜古士也幸有同志顧欵掌未遑閱二載
乃擇地於明倫堂之左北逼宮牆而不可以閣
易閣之制而搆樓三楹不息率先之董子其文
督工徒而趨赴兩月告成樓之中欄檻悉具上
以貯經下以備遊息也樓之中外略加粉飾華

不侈儉不至陋也周樹短垣蓄竹數本小沼一
區所以寓目所以養心也升斯堂四山環合歷
疊絕遠登斯樓象嶺沘江如在几席閭灶烟鬱
起知煎辨之維勤禾苗青茂卜耘耔之無懈顧
而樂之不禁滿志客有譁於座中曰士之尊經
與不係區區之閣縱充棟汗牛不能保歷久無
失斯時也吾徒自給且不暇乃事此不急之務
為余曰不然韓子曰不通經果不足用文翁治

蜀以經術為先知所重也我不知斯樓既立典籍既備士習果丕變也亦不敢知蓄之於斧者必不軼佚於後也第天地之氣運歷久彌開

聖天子之德化歷久彌彰安必子弟之俊慧者不日講求於斯服習於斯以為致治之具異時之司鐸者不繼美不息而謹守無失以相傳於無替也哉告朔之羊空名也孔子猶不忍終沒況於此閣也夫

社稷壇記

王洊

嘗觀從政者安民而復致力於神非徒修之崇祀之虛文也亦曰有地則有山川有土則有社有民則需穀而資稷以司之風雲雷雨以長養之其德不可終沒其報自不宜緩也是以祈穀報賽並垂典册陳牲牷酒醴於壇壝登降而告虔焉然後歲豐時和物無夭札而人無疵癘雲龍舊制於春秋上巳合祭於崇山之巔亦陳牲

牲亦備酒醴然後有壝而無垣非所以昭肅將也有主而無壇非所以崇命祀也乙未秋今中丞留心祀典進謁時首及之敬承德意亟歸而講求遺制於故地建壇位東南嚮以答陽易石主用垂永久周設短垣以避穢褻然地勢逼窄補其殘闕方廣不及十丈僅足乎登降之數而止工竣爰進多士而告之曰天下事有本有源當目前之豐稔其共安居而粒食矣然返而

觀之不有社何以奠居山頹川涸風雲雷雨不時穀何以暢茂而稷何以奏功食其德寧忘其報乎且夫報之時義最無窮也沐 大君之深仁當以忠報感父母之鞠育當以孝報能忠能孝而生人之理備矣皆於 一壇縕其義焉可無記乎

諾鄧橋碑記　王溍

諾水之產鄧井為雄雄馬五井之一歲辦課爨夫大石等以非孔道無由遽至以辨其勤惰而觀

其風俗任事後稽其册籍逋欠無多公諸生公事來謁者類恂謹謙和有書卷氣値童子試能文而拔前茅者若而人心竊異之癸巳初冬例巡山後六里由石門西北行泚水别流噭聒之聲無聞山勢迤邐上下不甚陡峻閱六七里峯回路轉崇山環抱諸水當前箐篁密植烟火百家皆傍山搆舍高低起伏差錯不齊如臺焉如榭焉一矚而盡在目前旂導前呼趨迎路左黄

髮者垂髫者不必一致而俯仰之間皆有以自得詢之曰諾之内有變風亂俗者乎曰有無井里桑麻無恙乎曰然陳詩書以啟後進尚有人乎曰有又曰山高勢迅湍激橋低溪水暴漲將何以濟曰舍傍山隈所處既高水口低窪形不相稱非僅病涉且洩地脉會當架屋敷板橋於上奈有志而未逮也事竣而回閱載歲豐諸生共卒前志而祈言於余答之曰若輩多收十斛麥

用培風氣而成津梁其志可嘉矣斯橋也非當孔道無皇華館途之責無公事徵發之期皆無足紀矧子固陋又何能紀第念斯人之厚重不能知敦本也課額無逋知急公也父兄之教必先知啟後也子弟之率必謹知承前也用誌其日月連類旁及以俟後之君子甄别而鼓厲之且囑多士慎終如始勿俾歷久而此風或墜廢墜焉則幾矣若夫木石之經營工徒之多寡

皆畧而不書近纖也

重修砥柱橋碑記　雍正五年　陳希芳

州治有砥柱橋者距署不數武往來行役入境即見為鎖水之一大觀也象嶺龍山交相環抱爾乃沘水夾洩急湍怒號昔人穿巖砌岸織鐵練架木板上覆幾厦以蔽風雨此砥柱橋之所由名也前明以來其間補闕修葺者不一自我

朝風化遠訖商賈往來車旆之跡愈衆歷久而橋

漸傾凡守土者未嘗不觸目犀念無如皆懼其
費繁而工浩也乙巳冬余來蒞是邦見橋將圮
奮然自任白州治者四境之所觀瞻也於是傾
囊底首金捐之縉紳人士有不介而孚不謀而
合者咸樂竭其所得為以一椽一木一工一瓦
勷事焉不日而橋遂落成金碧輝煌虹跨百丈
無恭我
皇猷丕丕輿梁善政焉邦之人士咸白此刺史之

功也余曰微邦人士之力曷克臻是是日也余
携壺挈榼散步慰勞勷事同人登臨極目北望江
隈烟火千家人稱樂土南觀山沓沓彩雲一片
日射晴嵐有不覺情生於境者曰水懦弱而日
流風披靡而日下是賴有卓然樹立者乘創建
之未墜挽風氣之將頹廻狂瀾於既倒焉庶有
得於砥柱之意云爾是為記
修雲龍大路碑記雍正六年 陳希芳

雲龍汁大一州介在萬山深處里列十二井産八區皇華有徵發之煩隣封賴行盬之重道路所係非細故也自雲浪分疆以迄州治百有餘里若天耳之水箐以上雄馬之郵亭以下類皆峭壁巉巖紆廻鳥道所稱蜀道之難孰有過於此者即前司牧未嘗不修治而芟除之然往往畀之鄉地士人又皆以公役使未免草率塞責不數年間車轍馬跡奔馳蹂躪又復險阻時而

春冬天氣晴明猶可言也每值夏秋泥濘洪波
汹湧傾塌尤甚不可名狀余以時往來不禁惻
然心驚急欲圖之無如簿書鞅掌砥柱橋功未
成日無寧晷且繼奉 恩綸勅建忠孝節義祠
先農壇壝工作日興未遑兼營丁未冬農工稍
暇余起而謀諸州紳士曰道路修明守土之平
政也然於此而擾民財勞民力余實不忍爰捐
薄俸自制鋤鍫倡募同心復慮不得其人仍蹈

前轍於是選老成明經以分其任自州治以至太平哨佩組段君任之自太平哨以至石門丹壁楊君任之自石門以至關坪王若施君任之其關坪以至雲浪分疆則州尉會稽章維立分任其勞以助余之不逮廣覔工匠先給工費闢土鑿石大施經營相地之起伏高者平之下者砌之狹者闢之期於一勞而永逸余不時備壺飡率僚屬躬為慰勞省視獎其勤而警其惰以示鼓

餉之意諸君不辭勞瘁棲風宿雨力肩其任未幾三月而天耳之水箐易谿為橋險者夷矣雖馬郵亭以至太平哨為欄制險鑿石代木陂者平矣狹者廣矣熙熙而來者曰康莊也穰穰而往者曰坦途也倘所謂周道如砥者是耶非耶夫王道蕩蕩古誌之矣幸沐

聖治廣大寬平海隅邉陲無人不履蹈於中和即今易崎嶇為坦平何莫非王道蕩蕩之休歟余官守於茲覩輿

情之感戴益慶
皇圖之悠久矣迨千載下補偏救敝是又厚望於
後之君子焉

新建文昌宮碑記　雍正七年知州陳希芳惕山

嘗攷天官家言
文昌於星辰為奎若璧而吾儒亦云傅說為列星東
方朔為歲星是知古聖先賢清淑之氣在天為
星辰在地為河嶽幽則為鬼神而明則復為人

此事理之恒然無惑乎　文昌化書備言帝君
九十七化而柄司文章其一耳寓内州縣靡不
建宫崇祀以為乞靈之資雲龍雖僻處邊隅然
沐浴　聖朝文明之化幾及百年而人才猶未
蔚起者豈在上之振興未至歟抑父兄之教不
先而子弟之率不謹歟乙巳冬余奉
命來牧是邦下車之日即北面嵩呼上謝
聖恩而　萬歲龍亭設於　武安王廟九叩之下

跼蹐靡甯越二日而謁 文昌宮見其卑陋湫
偪是皆邊裔士子未知尊 君敬 師之道致
乏彬彬郁郁之風予既知是州大懼弗稱乃進
師生父老共謀而振作之未幾博士以學田進
為宮基址因往觀見其西山環翠東水拖藍俯視
金泉如指諸掌而近郭民居遠峯烟樹無不歷
歷可望實為祝釐興賢之所於是自捐清俸倡
率士民芟榛闢址鳩工庀材前建六角亭安奉

萬歲龍牌冀以兩廡為官紳習儀之處外樹大坊
以肅觀瞻後創桂香殿三楹肖文昌宮像使
士知嚮慕而憤發焉是役也財出於官工不久
妨而亭坊殿宇巍然煥然上應奎壁之光矣自
此兩州之紳士共知尊 君敬師之禮日出而
鐘鼓和鳴師儒揖讓陳說
上諭六條趨蹌仁義二途俾稚髫編氓環視躅聽普
被華風於化民成俗之義不無小補是為之記

至聖宮碑記諾鄧井 嶍峨舉人州學正徐碩士
國家設學立
廟自京畿而外直省府州縣各有建而他無私宇
以别崇奉蓋道之宗德之極而特為制之隆也
廟固不若琳宮梵刹任鄉村僻壤可恣而有之也
廟之有或為郡邑遷治可聽存其迹而非其地欲
多所創焉不可也山廟之中撤像易主久已違
之天下也若不主而像像而叅之佛老其惑滋

甚諾井屬雲龍轄舊有
至聖與二氏列像於東山蕭寺繼移北山靜室不無
心知其非而歷久鮮置議者夫三教並稱例有
明禁諾鄧雖鄉豈容錮習近復奉
憲檄飭令改正士人爰謀別為立廟以妥
先聖具呈州侯張公准如議行合井歡欣踴躍各出
私金擇地得亥龍壬山丙向借材於西山之廢
寺取資於工本之新增鳩工動作層分三岸上

岸高三尺立 正殿及兩耳中岸高七尺立左
右兩廂丹墀為 大成門規模下岸高一丈立
照壁圍墻東西兩坊落成欲 紀其事於石夫諸
鄧去州約數十里釋奠釋菜均詣 學宮今乃
另為之廟且仍其像非宜也雖然制規一定
而習貴變通方今
聖天子文教誕敷化登上理薄海內外靡不崇遺正
令各 上憲體而宣之諸鄧雖邊隅并地諸生以

先聖遺像不忍雜於虛無寂滅間心既不安而像文
不忍毀議立廟以昭虔敬事則非制然感被
於教化易習俗以正人心於此亦可見矣况乎
襟泚水枕崇山形勢高爽峯巒拱峙將地靈而
人傑由此掇科拾第可卜為拭目間事且立
廟以肇文明更為學舍講堂於其中鄉一井之子
弟蒸蒸然以興於學嗚呼其日盛矣
廟之立井士倡之而助之成順人情以廣化道者

皆州侯張公之善舉云

征緬策　　舉人　黄桂

大公祖明大宗師閣下呈為條陳征緬時策事竊以南緬為天下膏腴之區僰夷所宅人柔而多詐富而無壽其地氣使然也漢諸葛之南征南在乎羈縻而不留不處也迨乎明代莽氏思氏屢為邊患或一聚數十萬或一反數十年鄧子龍攀枝花以寡敵衆大破緬虜而其後猶不能

請陳用賓是以有八關之築
盛朝百餘年來滄潞澄清不驚烽燧乃有木匪不恭
負强於彼方為衆首所畏阿瓦之王既先失位
木邦之主播遷他鄉而内地諸土司亦多晏安
頹靡疎於防備彼乃得以愈恣其横虎視哀牢
借㸑逞戈官軍禦之又鮮勇畧潰走死傷殆不
勝紀而八關遂為豺狼道路矣雖曰小醜有干
體統是以天威震疊聲罪致討勢至難已我

公仔肩萬里勞勤勞邊籌披圖察形經畫已定豈復儒生之迂所得而參其議論且以蒙古之强亘古為中國之憂幾何哲后幾何賢主莫有能控制者我

皇上神武所奮悉有其地此固宇宙第一大功而藐兹緬邦曾何足云惟是南北異勢執此處彼抑又不能無衲鑿馬雲南二十萬之秋糧民食無餘倉儲甚少一有荒歉鄰省之糴難求則軍糧已

先可虞也是以緩征之計可以施於北者不可以施於南計南征者利在乎速而欲功速成者在乎多算而已蓋緬可量而未可易勝者也以彼自聞有勦之聲協而必謀者必衆則亦强者主之而弱者不得不附志未必同力未必均也而率旅如林皆其村寨頑民驅以冒刃假鋪張也恃有數手千騎走險疾馳技勇獨奇專於行刼而已未嘗執兵對壘猝然而來猝然而去未

不能離其巢穴者也故元明之世緬數為冦於
疆內亦未聞其能拔一幟踞一郡也此其可量
者也然而未易勝者瘴毒未可以遽入也江險
未可以驟踰也野潤人繁各種散居南海為其
大門左交趾而右西洋雲南一面乃其後戶以
雲南一面攻之此明時之故智頻歲征緬卒少
制勝即有勝焉不過得其遁歸而止孽根未絕
息而旋作無長策也況茲木匯之强兼併諸緬

家於木梳而阿瓦之海澨以為憑依木邦之敝
姦以為羽翼彼方挾三竄之狡我乃張一面之
網則其利而進不利而退綽有餘地又安所得
而悉根株而振拔之拔之未克難留處也則我
歸則彼又出我入則彼又歸彼方疲我於道而
誤之於瘴中兵損帑耗百姓困於久役饑饉亦
且相仍成功未果而滇先受其病此一面之綏
征所以不為征緬之長策也則何不以三面之

計傾其三寨而予之以無所脫福建發水軍向
阿瓦以撼其大門使其有南顧之懼命交趾並
出師使入緬界以為我應使其有東顧之憂彼
又不得不分其勢於東南兩頭則北一頭之勢
不能不虛於是雲南之軍可得而逞所為以一
支於木邦地內嚴屯待之伺其動靜以一支由
騰越一路潛往深入將以擣木梳之巢穴彼且
倉惶無計去木邦而急於內顧則一支之兵迫

其後而一支之兵扼其前使之首尾不應進退
爵窘渠魁可以立擒矣强者既獲弱者自伏全
勝之局决於數旬此三面之所以易為力而成
功可速也若夫三面揺動不待深入而立頑已
先胆落哀求 恩赦革面自新但使獻出漢奸
即以止戈為武此則甘雨和風中外樂業尤善生
之至矣若區區愚忠意蓋如此昔魯女憂國曹謁
君而事非分内而引以為慮亦有所見非妄誕

也如蒙不棄芻蕘細流兼收施之於用或有所
補則幸甚幸甚臨呈激切之至

協濟永平夫馬碑記　知州董宗超

蓋惟上以政養民民以力事上力役之征所為定
制也獨吾雲徭役之重倍於他屬民力實有難
勝如大憲巡閱向須沿站用永平夫馬而雲
永相去迢遥每夫費二升糧往反月餘非惟失
業廢時且致饑寒交迫枕籍中途其苦不可勝

言余始聞而惻然亟籌所以濟之適據紳耆等
呈請自願公捐銀肆千兩請交永平縣置產生
息為代雇夫馬之用隨雲龍陞任永平縣沈署
保山劉稟請 本府唐暨永昌府張詳請
各大憲均蒙批准立案當將此項銀兩觧交永
昌府並蒙撥添銀二千伍百兩共陸千伍百兩
除短平三十四兩外實合市平銀陸千肆百陸
拾陸兩撥給永平縣承領置買回民公產及現

有業主之田計大小陸百肆拾叄坵應收租穀捌百零捌石貳斗伍升除應納糧米折抵穀壹百石零伍升實收租穀柒百零捌石貳斗自道光三十年起每年由保山縣代收變價鮮存永昌府庫俟 巡閱時轉發永平以作雇備協濟夫馬之費其田蒙委施甸巡司周訪履勘逐加丈糧按田分別立界石仍於石上刻明永平夫馬官田及丈尺數以杜日久盜賣等弊是舉也經

始於閤州紳耆贊成者陞任永平縣沈署保山縣劉詳請大理府唐陞任永昌府張
督憲林 撫憲程藩憲張臬 魯均蒙批准立案轉飭遵行至始終其事必要於成者知州事金陵董子驤也

彩雲書院碑記　楊名颺

古者國學而外家有塾黨有庠州有序無不學之人即無不學之地我

朝文治覃敷辟雝頖宫學校之典章大備鵝湖鹿
洞書院之規制極詳雖在邊陲莫不涵濡
聖化亦既羣黎徧德比户可封矣吾鄉靈鍾滄水
毓崇山科第早已漸開賢能亦經繼起則是州
長黨正之教治攷其德行道藝有由來也在城
有象山沘江兩書院始基草創僅與四鄉之義
學同雲樵謝君權牧斯土如意栽培首捐廉俸
倡建雲龍書院聞者靡弗興起颺會司鐸十有

四年竊見庠序之設攸關治化本源既而承乏
三秦亦越二十七載仰邀
聖主知遇殊恩由郡縣而薦歷封圻所至汲汲以振
興學校為先務不敢有負初心每念故鄉未嘗
不有杞梓良材芝蘭嘉卉若不少加扶植將何
以副我父兄之責壹我子弟之規摩乎所當勉
竭餘廉以期小補鄉校石門一邑乃各里適中
之地於斯建立書院四方負笈而來豈不較便

質之輿論咸以為宜爰基在梅阿馬侍御作謀
楊明經兩族田間價銀陸百兩亦並樂輸遂於
乙未冬鳩工庀材丙申秋次第落成修房舍八
十三間置租穀七百京石共捐銀玖千肆百貳
拾餘兩顏之曰彩雲書院因彩雲適現州境故
象文明以紀瑞云丁酉春颺解組歸來優游林
下獲與後進傳述舊聞研求新得補讀少年未
讀之書以寡晚年欲寡之過固所私心竊幸敬

業樂羣於其中者更應及時努力爭自琢磨相與陶情淑性飭紀明倫即以修之家者獻之廷勉為今日之醕儒以作異時之循吏此則欵欵微忱所望我一鄉之善士而為一國之善天下之善士者

謝公祠小引　鄧川州舉人楊景程代作

從來垂鴻樹駿有開必先結草啣環無德不報故召伯揚仁南國之甘棠勿剪萊公遺愛北門之枯竹猶生我

雲樵謝大宗師東海宿儒南滇循吏星臨三巂風
化五雲廣置范田百畝惠此鮮民宏開杜廈千
間庇多寒士無何昊天不遺哲人其萎子弟
田疇咸思衆母泰山梁木安仰吾師爰追遺像
於蓋棺并藏故衣於袪篋祖崇榱桷式妥幽靈
生申降誕當上巳之後庚排甲登真適仲冬之
初吉恭逢生忌之辰敬誌瓣香之祝嗚呼誼重
在三誠期不二凡茲後進合懍先型致愛致慤

毋怠毋忘冀靈爽之常昭鑒馨香於勿替謹記

旌表節烈詳稿　知州蔡茂秩蓮裳

為詳報烈婦殉節恭請

旌表以勵風化事竊以杞妻城隕國俗舉變為哀

曹女江沉州郡亦上其狀蓋必表彰夫

天語斯易感發於人心茲准卑州儒學學正吴紹

伯訓導李德叢牒稱據州屬紳士等呈稱鄭烈

婦董氏者前晉甯州學正董士超之次女於咸

豐八年氏年二十歲適綀目昭通人鄭其昌為妻九年鄭調援永昌氏亦相從十一年六月賊破永郡鄭以不屈遇害氏聞變之下剌面流血後遂敝垢佯狂故為迷惘之狀賊信其病送之回雲依母兄以居未幾偽參軍李先華聞其艷且敬其志操欲娶之親率多人篡取氏恐為兄家禍也慨然許以身往夜宿魯庄俟賊防稍懈潛赴浪滄江頭急流殞命時同治元年四月初

十日事也兹特取具族隣各切結懇祈轉詳請
旌表等由准此卑職伏查該烈婦盟心白水畢命
清流生自黌修詩書之緒無忝長於兵革袍澤
之憤同深方期藉助於牽絲詎料興悲於破鏡
竹原有節何碍風狂棠自多姿豈容塵涴乃子
規歸去潛林之血猶哀而精衛投來填海之波
又起始則毀面全貞終以捐軀盟志直疑游女
泳漢難求願逐靈妃沉湘不返惟龍宮之可往

故虎穴以無驚從此名播三邉壼儀共仰迄今年逾廿載輿論猶新允稱巾幗之芳型宜邀旌揚之鉅典

黑水辨　黄桂

有謂瀾滄即禹貢之黑水者其説非也以潞江為黑水者亦非也黑水之説出於山經者不一大都以其色而名之皆非禹貢之黑水也禹决九川皆水之大而為患於中國者黑水九川之

一經雍梁二州禹貢黑水西河惟雍州言陝之界自黄河之西以至於黑水也華陽黑水惟梁州言蜀之界自華陽以至於黑水也禹導黑水至於三危入於南海三危在陝西沙州之山燉煌之地禹導黑水自此而止其入於南海則黑水之自入耳雲南古志以南金沙為黑水此一定之説無更可易者蓋人但知雲南有一金沙而不知雲南有二金沙也北金沙乃其小者乃

麗江之麗水過永北入四川與岷江同歸洞庭者也南金沙最大有數里之廣緬所恃以為險其源出於陝西肅州張掖經四川界過西蕃入緬地而歸於南海既經陝川則黑水之經雍梁者明矣流於緬甸則其入南海者亦明矣禹貢所載自舉而其大而為患於中邦者南金沙之為黑水也復何疑耶若夫滄潞二江出於吐蕃歸於邊域固無與於雍梁之域者也水之源

流既無關於中邦禹亦安得而並治之乎乃以滄江為黑水因即以江外之三崇山為古三危抑思雲南雖附於梁州而三代以前鶴拓古始幽昧無人之區其水無與於中國禹蹟何由而至此且竄三苗於三危者固竄於滇之極西耶亦可謂荒唐矣嘗考陜西之志三危在沙州黑水在肅州又稽滇之新志其載及於緬者俱有金沙著於其內固非麗江之金沙也如於緬之金

沙而再察其源委则黑水得矣若以滄潞為黑水則南金沙一江其出於肅州而能為患於中國者於禹貢又將奚屬禹固有舍其內而治其外治其小而遺其大者耶由是觀之滄潞等江其非黑水也明矣

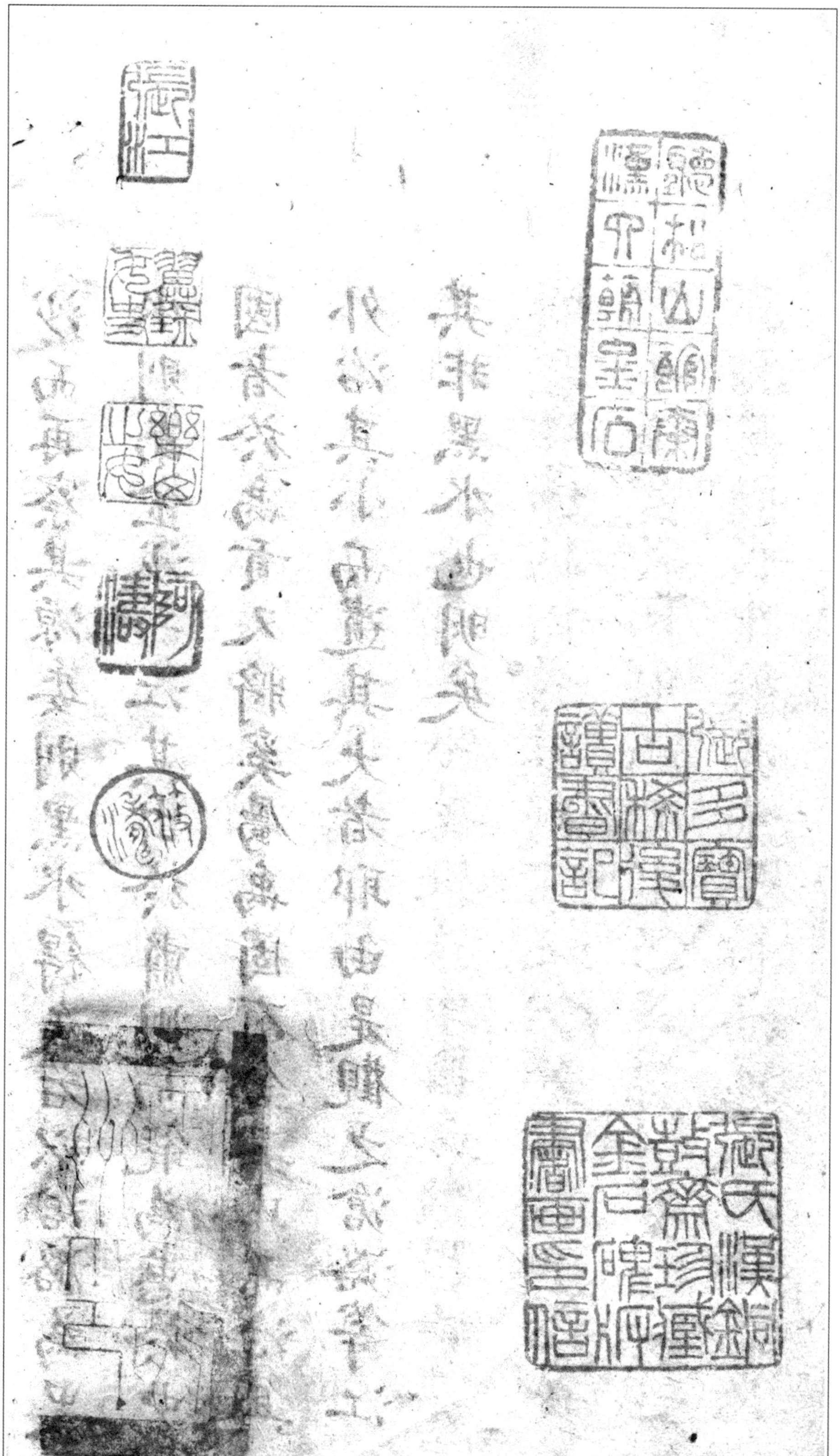
其非黑水也明矣

黑水辨引　　楊文奎

黑水之辨由来久矣諸家考証互異酈道元謂其出張掖雞山南至燉煌過三危入於南海樊綽以麗江為黑水薛季宣以瀘水為黑水程氏以西洱河為黑水蔡傳主之程大昌以瀾滄為黑水楊升菴李元陽皆因之張機以大金沙江為黑水紛紛不一若此按張掖河出祁連山流至甘州城西與弱水合名曰黑水南至肅州鎮

夷堡遶合黎山麓北滙於居延海流入沙漠是為雍州極北境滇為梁州極南境此雍入流沙之黑水非梁入南海之黑水也麗水今北金沙江也出吐蕃黎牛山下經麗江府循姚州武定達馬湖入江不入南海西洱河發海（源）罷谷山流經浪穹合蒲陀江至大理滙為西洱河即葉榆水也遶府西南穿石穴出點蒼山後至蒙化界會漾濞江入於瀾滄江瀾滄江有二源一源於

於喀木之格爾玑藥噶兒山名藥褚河一源於
喀木之齊魯肯他拉名敖母褚河二水會於叉
木多廟之南拉克褚河流入雲南境過蘭州曰
蘭滄又曰瀾滄由麗江經永昌蒙化順甯景東
元江達車里宣撫司名九龍江入緬國雲龍舊
志以瀾滄為黑水以三崇山為三危此主程大
昌之說而不知皆非也張機謂瀾滄非黑水以
有南金沙江也源出崑崙山西北吐蕃地近大宛

國流至騰越外之鐵壁關經孟養陸阻地有二
大水自西北來一名大居江一名檳榔江二水
至此合流名大盈江夷人方名其為金沙江滇
人稱曰大金沙江廣十有五里澄若重溟黝若
深碧夏秋漲溢水色莫辨環緬甸太公城江頭
城直入南海源廣流長大於瀾滄數倍又以明
永王走緬己亥二月朔渡大金沙江人言即古
黑水之說証之此較甚於以瀾滄為黑水而之

書所云至於三危究竟未曾確指仍無明徵也後世之辨者引水經云黑水出張掖雞山入於南海雍梁二州之西皆以黑水為界即大金沙江也水自雍之西北而入梁之西南三危而北為雍界三危而南為梁界一水為二州之分獨往來於雍梁之交蕃緬之域遠出崑崙山上流已濶崎嶇萬里入於南海瀾滄等江俱非黑水仍直指大金沙江為黑水是二州同一黑水別

無所謂黑水也不知書復云導黑水者別其為梁之黑水非雍之黑水并非雍梁所同界之黑水也若瀘水即打冲河入於金沙諸葛由越嶲渡瀘軍次白崖更非黑水矣伏讀

聖祖山川考論內載瀾滄之西為哈拉烏蘇吐蕃呼黑曰哈拉水曰烏蘇即禹貢之黑水今雲南所謂潞江也其水自達㘓喇嘛東北腦兒流出東南入喀木界又東南流入怒夷界為怒江入雲南大塘隘名潞江南

南流經永昌府潞江安撫司境入緬國直入南海禹貢導黑水至于三危舊注以三危為山而不知其所在朕今始考其實三危者猶中國之三省也打箭爐之西南達喇嘛所屬為危極地拉孛城之東南為喀木地班禪額爾德尼所屬為藏地合三地為三危耳哈拉烏蘇由其地入海故曰導黑水至於三危入於南海也明明垂訓若此且三危亦得其詳而黑水西河惟雍

州華陽黑水惟梁州俱合於禹貢焉總之紛紛
黑水之辨皆由閱之於書並未親歷其地書有
不同故二三其説以訛傳訛也若山川考諭一
册内又載云遣使臣至崑崙西番諸處凡大江
黄河黑水金沙瀾滄諸水發源之地皆目擊詳
求載入輿圖中國諸大水皆發源於東南諸木
渾烏巴西大幹内外源委可得而縷晰大江黄
河金沙諸水在東南大幹之内故源發於西番

委入中國也黑水瀾滄諸水在東南大幹之外故皆流入南海也明明垂訓又如此據此不惟知黑水之源委且知諸大水之源委不得以入南海者即謂之黑水必至於三危入於南海者乃為禹所導之黑水也

藝文二　詩賦

滄江賦　黄桂

滇南之迤西有江洶洶盤疆帶碧捍圍蒼龍奔騰萬壑繚繞千峯蓋西域之發派而南海予朝宗以其出鹿石山舊有鹿滄之號抑又稱曰蘭津以經蘭州之道厥後定其嘉名為瀾滄之浩浩當夫吐番初沛潞水齊馳形性各别勢力相持彼高黎之左臂此老君之右支趨九隆以迂

折歷百濮以漸滋背巖而往若劍破枯踰峽而
下若矢斷弧斷岸為畔重坎為途色疑黛畫味
在氷壺其為陽光始旦水面生烟曳長霓之委
曲抽亂絮之纏綿賞素華於潤澤挹精彩於蜿
蜒於時化日春晴寒山雪散積液紛流增湍泛
岸桃花之浪溶溶錦鱗之遊爍爍罝罟之施欣
欣匕箸之供衎衎至若秋濤霧霽月夾霞明涵
雲漢以為影震風雨以為聲吼幽林以其虎嘯

叱怪石其雷鳴深窅窅於浚谷冷烈烈於霜清
疾徐分爭夷險青玄變於陰晴曩者瘴母發長
川之隩有聲顯聞如斧剖木開疆以來已平其
燠意者犬戎處上游之首有屍漂至是人類狗
溯洄而稽多種之醜蓋聞漢武為博南之跨來
圖不賓孔明孟獲之討用展如神王驥籌遏於
遠涉沐英築壘於要津段進忠之負險蘇溪濟
師亾頑退歛胡國柱之投荒鐵門絕路困頓悲

涼其有野渡驚人橫空設筰繫身抱筒疾影過
索臨浦而仰以扳及山而立以落若欲借其推
移必先受夫束縛然則舟楫罕通輿梁誰架伊
何金齒造奇鐵橋奪化長欄夾翠而拖高步浮
空而跨懸
御筆之輝光長名流之聲價從此去去望之悠悠
邊無淺渚中不餘洲容百派以為量挾九龍以
並流終固合乎黑水始未涉於雍州往事蒙舍

之瀆遥程交趾之陬既達貢於萬里爰安瀾於千秋

呂祖降瀾滄江橋賦以同治六年呂賦為韻

書傳海上杖策雲中梁州自古井宿臨空帶江河於四面羅烟霧於三崇徘徊鐵坎之東纔添朱雀指顧金泉而上屢架彩虹想阿昌未靖以前此地之風光各異自多士入疆而後是邦之文軌皆同原夫雲郡之有瀾滄也發源鹿石之

山環繞瀾州之地合潞水以朝宗納泚流而晉利綠波皺處誰測幽深紅漲翻時徒驚窈邃記得三叉路口山人繫漁父之絲可憐一葉舟中游子書夏王之字縱積三千珠履未敢圖謀胡為十八嬰孩無心出治爰盼河洲因求山谷對立華臺斜撐古木拖鐵練於天車引藤繩於地軸自是熙熙穰穰共頌如神因之世世生生永膺多福迄既告成之日定然虹影浮雙原其創

始之年應爾亥身紀六絕勝黿鼉之架何須烏
鵲之填慶豐功於別境歌坦道於前川何處吹
簫聲送半江清響是誰把釣影迷一縷寒烟脫
令鄭棨重來詩催近日未必張良再至履墮何
年別有畫棟齊雲珠簾臨渚宛同十二之粧無
異三千之處朝朝入耳漁唱樵歌旦旦賞心鶴
汀鳧嶼高朋入座閑談摩詰成詩勝友開軒擬
作右丞別墅何日方償夙願樓可折星此間便

是新安灘應號呂為此暫住沙臺重遊雲路恨少詩書聊逐毫素偕仙子以舒懷向波臣而欲訴欣此地羊腸鳥道竟成康莊悵他鄉水榭風亭徒遮薄霧猶憶孟嘗高潔常懷報國之心難忘司馬剛方試倣題橋之賦

瀾滄江 五言古　元 毛紘 浙江人

兩山高揷雲歸然若天岸草樹緑相繆仰視天一線中有一長江江流急於箭亂石齟其中噴激

成飛霰客子何問津雞明夜將旦僕夫相顧愁
舟楫恐失援天明設此險永作邊城翰
雲龍道　胡錫熊會稽
誰云蜀道難雲路出其右懸巖百尺餘俯視泚
江陡奇峯何嶙峋怪石羅星斗山禽弄巧音嚶
嚶似求友野猿聨臂游攀躋不堪走峯環合復
開一線羊腸剖夏秋霖雨頻淤泥遍林藪征馬
盡踟躕俯視皆搔首道固險王陽幸際仁慈守

邦伯王公命匠斲蚪龍平成垂堅久相與慶坦
捐修故云
夷携榼還沽酒咸曰刺史功偉哉光前後鐫珉
未足名碑在行人口
星回節七言古　明　失名
滇中六月廿四日燒松火雲光霱霱脂流滿地
香徹天萬家鐘磬聲寒栗轂舂罷市虔祭賽生
啖牛羊口血溢云是當時六詔强九十部衆蠶
食亡同姓六人齊稱王犬豕寗保鴻雁行鄧賧

詔主推豊咩浪穹施浪稱三浪中惟鄧賧差仁
柔柔夫人慈善禮法優奸雄叵測皮羅閣笙歌
召會松明樓脫簪韋裾不得留鐵釧約臂紅淚
流阿奴火攻酒半發炎烏孌煨飛神印殘蛾埃
煤一簪掃精綱融腕遺骸收貽來瑟琴同心結
謾許同衾誓同穴祔連塚土血流霞娘子軍旂
光奪雪死守何異巡遠堅忍餓廿共夷齊潔南詔
羞慚心尚存妃封寧北城德源至今聲氣懍白日

赤龍黯澹風烟昏一炬摧殘萬劫灰瓊瑤臺上召星回亦敢舉火竟生食反燔骸助夫人哀喋血誓嚙仇讐肉生吞活剥遍山谷烟林白鵶湘江龍寒食競渡中外從不謂蠻烟炳星日令節直追前賢踪吁嗟夜即牂牁化日餘貞膂羽族猶堪書後宮寵冠晉羊后司馬家兒笑不如

雲浪分疆歌

周憲章　思南

榆塞迢遥程五百浪川盡處雲山迫雲從此際

去從龍浪自雲廻幾重隔聽說山河未部時五司六里尚淪彝夜憂賊渡瀾滄水朝慮追呼過九溪自從一隸雲龍守西控東封明斥堠坐令梟獍戢藁街吾民始不橫干胄松林日暮噪歸鴉狼虎無驚逝者槎更有冠蓋頻相望井烟縹緲人萬家荊棘剪除山面面煙嵐捲盡晴雲絢僰僮橫吹太平聲輿圖遠拓古宗甸君不見昔日犬羊今冕裳為雲為浪誰短長但將一洗侏

僑俗奚別雲疆與浪疆

苦雨行　　王淓

從來霧雨人共苦我苦霪雨心煎煎錯落鹽井

賦不供青青禾苗根未堅桑何淡旬無晝夜毒

雲瘴霧迷山巔淡水盈池費輓汲轆轤激聒手

足胼强令分運事熬煮薪濕何以使之燃十倍

（柴）薪不成雪中夜灶底相周旋忽聞絕壑下怒水

積薪冲蕩不可搴吁嗟乎積薪盡屬官家錢隨

波飄没空呼天泥深路滑步艱前牛馬馱載四
蹄穿江流漾漾天水連低田汩汩幾平川早禾
晚禾幸未淹蒿目四望心鼻酸噫嘻悲哉安得
萬丈長箒掃浮雲掃盡浮雲庇我民

雒馬道上　五言律　　明郡丞范　言　浙江

微行通一線絕磴上千尋雒馬猶難度啼猿況
獨臨泥深春後雨霧障晚來霖世道險如此真
傷遠客心

過雒馬　雲南司理　羅應許

西州欝盛氣湏洞擘山來濤噴巖飛雪湍奔石轉雷雙龍雲浪合萬馬雒川廻誰使河為潤滔滔江漢才

雲龍山與　羅應許

捫蘿凌絕巘古樹幾叢圍谷冷花情瘦山高鳥韻稀野籬編石穩香稻飽泉肥有説鼯鼪徑跫然令是非

冬宿蟠龍寺周刺史以寒解衣
共得雲根憩龍天象外高疎鐘傳暝谷清梵雜
寒濤水月禪心淨風塵客夢勞何緣依老衲猶
是戀綈袍

三崇山　　　　　　　周憲章
突兀凌千仞三台列象真神祠藏霧雨龍井浴
星辰積雪常經夏驚雷不但春樵蘇行半嶺沙
石已迷人

蘇溪晚渡

滄渡雄天塹奔濤入望驚雙橈分浪急小艇泛波輕不斷烟雲氣常餘鷗鷺情落霞歸樹杪寒哨激江聲

蒲嶺朝霞

平明凌絕巘極目思悠哉嵐氣千峯變晨光五色開乾坤金作界雲樹錦成堆閬令疑相迓猶龍化俗來

滄江

浪滄原漢渡環繞向三崇黕黑蘭為漬幽沉海若通峽高江面縮石疊瀨聲雄安寄崇山下常懷疏鑿功

尹氏園亭

守戎 姚之屏

落日俯簷楹翛然旅興生小池分水細疎竹掠雲輕石几傳觴穩花棚對局清道人隨處適原不礙浮名

其二

到此情偏惬，當樽忍獨醒。穿花迷將徑，看竹戀柯亭。水色迴青嶂，山光擁翠屏。興來從點綴，詩筆有丹青。

泚水沙洲　　陳文照　華亭人

急湍如環帶，平分鷿鵜洲。沙鷗依淺渚，雛馬鎮江流。士氣新櫪積，人烟井里稠。葉榆西顧望，砥柱賴雄州。

靈巖佛影　畢仕魁 東光

素影乾坤老飄然現石床常將明月伴一任雨花香幻態誰能覺虚明我自藏塵埃原不染獨立傲羲皇

宿三哨賢　張祖仁 鄧川

崖壑紆廻處羊腸一線通人皆愁坂折我亦嘆途窮馬首雲峯外雞聲客夢中勞勞方一覺又逐五更風

遊放光寺　　　　　貢生　楊天柱　州人

何日淨塵緣祇園且叩禪鳥鳴和梵韻花氣雜香煙果證三摩地慈開五蘊天名心到此盡歸去幾多年

遊太和寺　　　　　貢生　趙壽章　州人

招提開慧日靈爽徹諸天徑仄千盤轉鐘聲萬籟圓飛花閱覺鳥垂柳靜鳴蟬說偈皈依後臨風更灑然

雲龍道中咏舊州　　范言浙江

雒馬河邊春水生雲龍州裏暮煙平晴波泛泛
雙舸水野渡依依百雉城山種稗田千有畝寨
分竹屋兩無楹還憂地險連漕澗一夜會殲十
萬兵

温泉　　周憲章

峭壁嶙峋似火雲涓涓如沸透氤氳煙浮靈谷
丹成彩氣熾方塘碧漾紋修禊漫言追上浣臨

池渾是晤南薰娓無膏液蘇黎庶賸有温湯一
解氛

三七懷古　　王符

段俞恃險任鴟張周守經營智慮長倚彩鳳山
成版築帶滄江水作金湯當時藉殄强梁亂此
日彌思教養方三七村墟猶在望臨風不禁幾
徊翔

遊真武觀　　吴魁南　羅平

奇峯突兀泚江邊古刹巍峩瀧木巔白日樓臺
連霧鎖清宵燈火襍星懸窗中挹環挹諸山翠檻
外低看萬灶煙到此紅塵應隔斷況聞石上響
號泉

秋日太和寺漫興　尹鄒鑄　郡人

松林隱隱映晴霞複殿層臺梵宇華舍衛祇園
金布地維摩丈室雨飛花四山萃律藏山逈一
水潺湲遶路斜秋色最堪高處望夕陽林外點

歸鴉

靈巖佛影　　舉人　李儉

石上留踪妙自然特標奇跡古今傳雨花飛處影愈現霜雪多時相更妍自有白雲常補衲惟邀明月共談禪遥從天竺行來遠暫憩山阿息萬緣

郵亭　　李儉

天半高峯揷石城崔巍獨峙五雲横山山環繞

煙嵐翠樹樹參差松韻清紺殿陸離鼉鼓壯石
欄曲折馬蹄輕
熈朝脱有相如節此日西南路盡平

維馬仙踪　　李儉

誰道神仙不好名嶙峋峭壁獨留情空中挂履
凌虛步石上留鞭踏月行煙火萬家雲擁護蒼
苔數點影分明遺踪猶識當年意木落天高澗
水清

雉馬即景　　劉文炳　太和

榆西盡處獨鍾英水抱山圍似一城萬灶飛烟稱樂利五雲絢彩紀文明高低樹色連天色晝夜江聲作雨聲聞道仙踪多雉馬揚鞭誰解御風行

文廟落成恭紀二十韻　　顧芳宗　上虞

聖代崇文日熙朝累洽時邉隅資化育膠庠獨傾圯棟宇傷鉋落黌宮悲黍離行將鞠茂草直已

折舟榱釋菜渾無地鳴絃豈有期惟余官斯土
與士晝其宜幸值堯年阜欣逢禹甸熙山川占
向背堂廡立根基倡首捐微俸分肩費不貲良
材鳩杞梓傑構象工倕賴有羣心一因之衆力
齊綺霞明紺瓦麗日煥朱楣夔動龍蟠鬱騰飛
翬羽翽几筵陳法物俎豆肅威儀天啟千秋運
人瞻萬世師先賢從祀者後進更新之大道甯
云墜斯文樂在茲 國華增黼黻民俗草澆漓鐘

鼓甄陶美菁莪激發奇寢成賡魯頌紀績譜新詩

蘇溪晚渡詞　浪淘沙　尹文林州人

垂柳鎖朝烟春色逾妍布帆穩載淺沙邊忽去忽來雙槳疾那有驚湍

薄霧鎖晴川鷗鷺閔（閑）須臾遲日送輕寒風景依稀如畫裏只少綸竿

雲崇寺春遊　舉人黄桂

長年無夏夜難挨五月牡丹二月梅此地為僧

不可富太貧難應我曹來我曹今為茶開到前
朶方鮮後朶冒花下着綦紅落枰數聲時鳥幽林
噪幽林得意欲忘還可惜青春未易閑安得世
情全撥却携壺終日上崇山崇山試問幾多丈
任爾騁懷登頂望鳥徑滑人仔細攀莫輕呼喚
驚天上眉前日隔兩三竿足下雲連千百嶂眼
界定從地步生善遊善學同情狀爾時情狀不
勝尋歸院且為把酒吟艷蕊繁陰明日别重來預

約勿違心

擬雪山歌　　貢生　李紹書

雪山之頂高矗矗袤延二百餘里開荒服左與崇山相連續後繞瀾滄襟帶東鹿山卯山皆羣叔時或興雲掛岩瀑時亦出雨資霖霂異産孝子報撫鞠石羊石騍救窮蹶未能域中比嶽瀆尊鎮遐方擬湯沐崱屴嵯峩看震肅鬱鬱蒼蒼叢榭袱長風起號如怒狀樹杪波濤驚湧澓上下

攀條警猿狢礐鼯奔蹄踶肆突觸勁弩長戈羣
驅逐往來至今無惴縮磅礴閒生鐵礦礵礎紋
黑白藏西陵仙圃黃連盈書簏夜照明珠光煜
煜
物華天寶偕韞櫝鍾靈何但山中茯佳氣盤結
久蔥郁精英終能宏發育萬壑千岩含秀毓豈
無芃芃歌棫樸古來幾許悲雌伏偃蹇抑塞如
困囿何曾一吐塊磊腹幾許傷心頻蹙蹙幾許
恢心甘碌碌空山無人徒歌哭怪是天心何難

卜亦知地靈有遲速五百年興語常讀德積百
年非倏倏何天衢亨須極蓄樹人樹木難急促滋
培愈久愈芬馥不信但看己往族此地風開劉
與祝知經盤錯幾往復始見青田一孤鷲而令
猖苗皆鄉塾滿地時花芳簇猗猗千畝凌霄竹
攸欣千尋向榮木共着祖鞭登逸足雪山頂上
聽鳴鹿我為尋幽常僕僕二十年前經信宿於
今再寓山中屋兩鬢如霜自慚悳松青月白留

蹜蹜日傾壺觴忘朓朒謂得朝夕望秋麓偏是
（陰）雲迷山谷十寒難得一日暴未見晴天旬有六
（心）境旁皇愁成斛四面濛濛遮霧縠不露雪山真
（面）目雪山有骨鍊已熟幾千萬載經寒燠風風雨
面情縕（蘊）崥崥岏岏葆真淑此意自任人顛撲領
畧精神契淵穆毋取其皮與其肉

箭桿里觀羅武踏歌　麐生　趙　樸

踏歌燈火下白衣雜綠衣連環腕相握旋步作

團圞阿奴吹短律雀躍狎寒感曲肩踵其武往
復屢依違鴛鴦何放浪形影不自下非雄鳴類
鴂舌雌聲艷却微引吭迭唱和躑躅忘所歸細
聽無佳曲摭拾應當機主人勞其酒盤飧使充
饑奄忽雞鼓翅棚塲已音希撒手如鳥散困倒
卧朝暉是真羅武俗笑觀不足譏

題青雲橋　　舉人　王黌

雲籠羣山山奇特環繞週遭無罅隙銀河洩浪

潑蘭津分為十溪滙為澤龍蟠虎踞石門關江
流到此被山塞河伯呼號勅五丁鑿開丹嶂幾
千尺萬里雲拖一線天百丈巖懸雙矗壁其高
者山為猿猱虎豹之潛居其深者潭為蛟龍虬
獺之屈宅滾滾洪濤勢泊天陰雨陰風鬼神泣
緣江一束路迂回行人欲渡渡不得漢中太守
清且廉防民夘甚防川策意匠奇爭造化工彌
縫鈌補山川脉星駕空勞烏鵲填虹弓注射鼋

疊眷天設奇觀巧待人能開者開則闢我亦爲衣
舊子孫朱雀橋邊斜陽碧砥柱空餘望若斯思
挽狂瀾獨任難爲役清廉太守莫辭勞舉觴勸
君浮一白險阻秦關二百雄聞道君來皆坦易
興酣爲我一伸巨靈擘移此培嶁之愚山點此
歷歷碌碌之頑石共登青雲覽八極

溜索歌（水經註罽賓之境絙橋相引謂懸繩渡水爲絙橋又篾竹索也西南夷尋之以渡水俗呼以溜索）

黄美中 增生

兩山夾一江江頭無路欲前不前到此行人輒

阻步横空是一索是誰牽盤兩端於不援之樹
窑束竹皮牢牢固固去者來者乃竟緣之而渡
彷於罽賓是之謂筰後名絃橋此呼溜索刻木
如鞍曰溜挈將欲渡索上看下垂黃牛之革繫
人頭脚仰卧瑟縮將身空托放挈隨索去真到
半中而落轉頭為脚轉脚為頭兩手作力如升
木猴縱其力竭不可以休到索盡處乃把身抽
挈索或朽蠹便與大魚遊過橋之險也難愁不

不如牢編竹筏乘之來往人人得濟可以一桯過漭瀁奚取乎是橋非橋之一繩使渡者縛其身而懸諸大澤奔流之上

留别雲龍士民　　知州　徐本僊

雲為車兮風為馬南北東西何時下清清如天白如日清白誰與定真假民亦勞止汔可息一日二日鳴中野壯士安能挽天河巧宦吾能寡為拙者吁嗟乎廸知灼見方瀟灑

謁曲阜縣至聖廟徐　　徐本僊

乾坤闔闢總儲精千聖朝宗得大成冠履唐虞懸木鐸糠秕夷惠詔金聲兩楹日月千秋望數仞宮牆萬古縈洙水橋頭遥灑涙微軀此外復何營

宿果郎玉閣　　知州許學范

愧非香案吏古觀聽征鞍綠野禾方茁青郊露欲團兒童迎道路村塾肅衣冠教養吾何有僧

樓且暫寬

遊雙清菴即事　翰林馬錦文

小别人間地招邀上翠岑攜茶烹澗水把酒坐松陰石徑衣塵細花房奔思深晚山吹管後鳴鳥續歌音

假日南林寺已會三宿過席隨松蔭轉人上石頭歌對酒如春在非詩奈景何空山稀贈答嘈唧鳥言多

調寄浪淘沙　馬錦文

遠水接天浮扁舟悠悠去時花雨送春愁今日歸來黃葉落又是高秋　聚散多悠悠白了人頭片帆飛影下江流載得古今多少恨惟喜沙鷗

調寄浪淘沙　貢生　趙啟宇

山市近山城微雨初晴曉來嵐氣撲天清道是似烟烟又重似霧霧還輕

莫怪不分明望眼花生碧沙籠裏有人行説與王維難着筆空翠撲無聲

諾鄧村居　舉人　黄桂

雙橋填小峽水細未成河叠岸分傳經重樓滿集阿地高花氣少年熟酒人多近有笙琴意春宵聽雅歌

靈巖佛影　黄桂

面壁千年定形容似畫中疑無觀已在信有色

仍空素影懸明月圓光出彩虹幾時飛錫下杯

度過江東

火把節懷古集字　黄桂

窮樂賞馳馬五王酒興昏光燒淩暑夜焰息落

香愧直樹形倚何金全枯性獨存鬼雄偏屬女邊郡

姓名尊

瀾滄江橋永昌道中　黄桂

峽擁瀾滄出横空雀架形路窮生造化人過入

丹青絕壁猿難下寒闕雁不經於今消瘴久樹
茂武侯亭

輓明將軍　　黄　桂

寥落孤忠不自疑怒江一去阻南夷鴉軍雪滿
三春冷虎帳烟微七日饑在困終磨蘇武節舍
身已薄李陵碑邊城未靜空餘恨留有英雄壯
八旗

過漕澗三台坡　　黄　桂

飛臺鳳起石門八景　　楊名颺

不識天台路，高崗聽鳳鳴。重重樓閣壯，曲曲斗杓明。日向華巔出，雲從足下生。河東翹首望，丹詔捧西京。

三閭龍蟠　　楊名颺

一片蒼茫景，頻臨古渡頭。煙籠青鎖闥，雲縵綠楊洲。玉闕飛花雨，魁杓轉畫樓。龍門看四闢，河鯉任遨遊。

虎頭文筆　　楊名颺

不落塵間墨光茫射斗杓三峯投筆架七曲掃煙綃露掌頻揮扇雲墩暗吹簫山頭驚虎卧浩氣遶冲霄

象嶺村烟　　楊名颺

那處吐青烟氛氳覆醴泉石門雙扇闢象嶺一灣旋率舞經何日熬波不計年滄江遥顧盼縹緲彩雲連

蘿峯拾翠　楊名颺

直接蓬萊徑遥登第一峯霧疑文豹隱山讓白雲封摘翠穿疏筍煎茶拾小松瑶臺頻眺望捲映碧芙蓉

花塢蒸霞　楊名颺

縱目烟村外紗籠欲放花撥開青嶂霧細認赤城霞翠竹千竿蔭蒼松半嶺斜雲羅深罩處不辨是誰家

彩雲輯瑞　　楊名颺

百尺瓊樓上祥開五色雲為章輝爛漫現瑞采繽紛丹桂蟾宮放紅綾鳳沼纏光華賡復旦糺縵燦承文

碧嶂迴瀾　　楊名颺

飛雪重重落天花亂墜看中流撑砥柱倒影漾危欄一折波千丈雙清月滿盤總航金普渡奕

詠慶安瀾

光緒拾貳年陸月初拾日知州胡程章

防城縣小志目録

志地第一

鄉村
物產
城池
廨署
廟學 學額附
祀典
俗祀
津梁
名勝 古縣 古蹟 舊廢廨舍 勝景 坊表 古戍

志政第二

户口

田賦

經費

禄餉

榷税

兵防

志人第三

宦績

馬援　李邕　馬總　宋士堯　郭儁　蔡維溥

向錦　林希元　董廷欽　王世守　王性　何玉

志獻第四

前事

雜著

詩

右共四篇二十八類總十萬五千餘言

防城縣小志卷之一

首攝縣事四品頂戴欽州直隸州知州臨桂李燕伯纂

志地

津梁　名勝

廣東通志圖一

廣東通志曰每度分為二格經線長六十分復以緯度二格分之而成方每格得十五分積里六十二里半

廣東通志圖二

廣東通志曰每經度分為十格每經度線長六十分復以緯度十格分之而成方每格得六十六杪積里二（此處當有脫字）里半

2

上思州
團良江
羅浮山
羅浮水
長墩司
銅魚山
社龍山
漁洪江
涌淪江
天板關
如昔司
西了山
鳳皇江
防城司
小峯門
黃竹隘
防城營
三口浪
海洲港
蓬羅港
紅沙湾
天妃廟
鴻飛洲
卧石
康墩頭
天堂角
醉石
漁洲坪
防城港
松柏港
海洋
十二嶺
釣魚臺
中間沙
老人沙

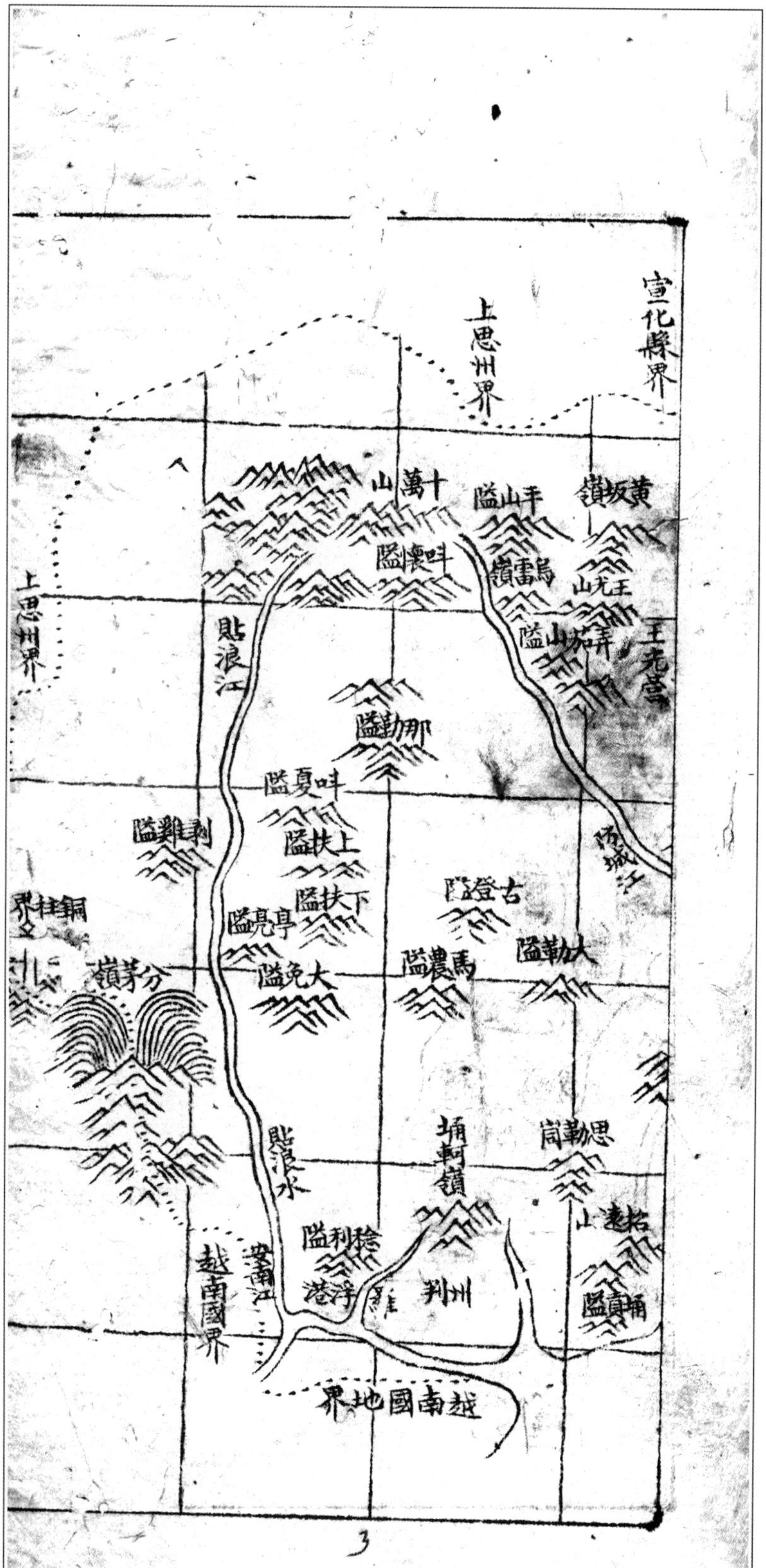

宣化縣界
上思州界
十萬山
黃坡嶺
烏雷嶺
王光山
那勒隘
叫夏隘
防城江
上扶隘
下扶隘
古登隘
亭亮隘
大勒隘
分茅嶺
大兔隘
馬農隘
貼浪水
稔利隘
州判
越南國界
越南國地界

廉州府志圖一

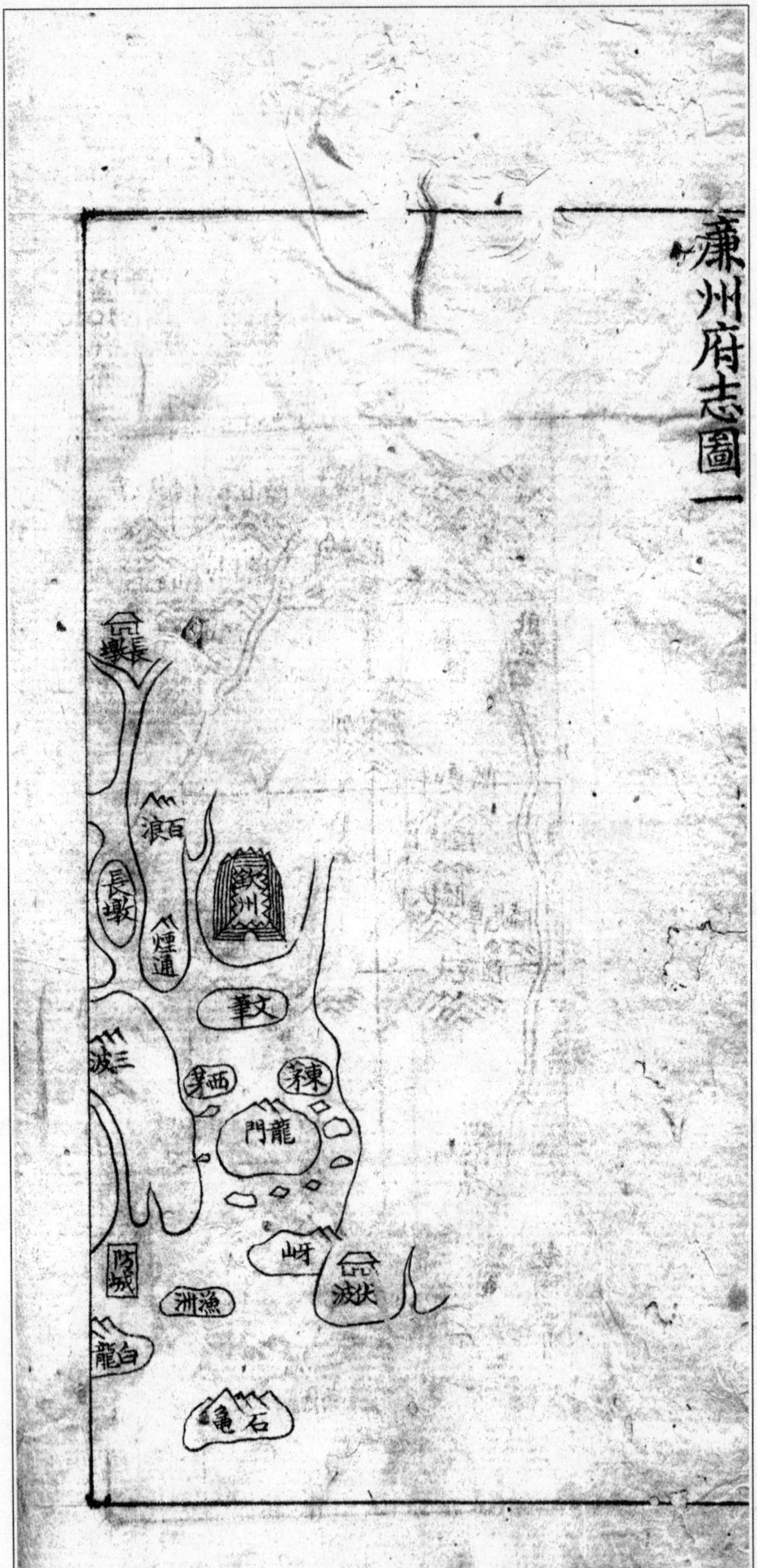

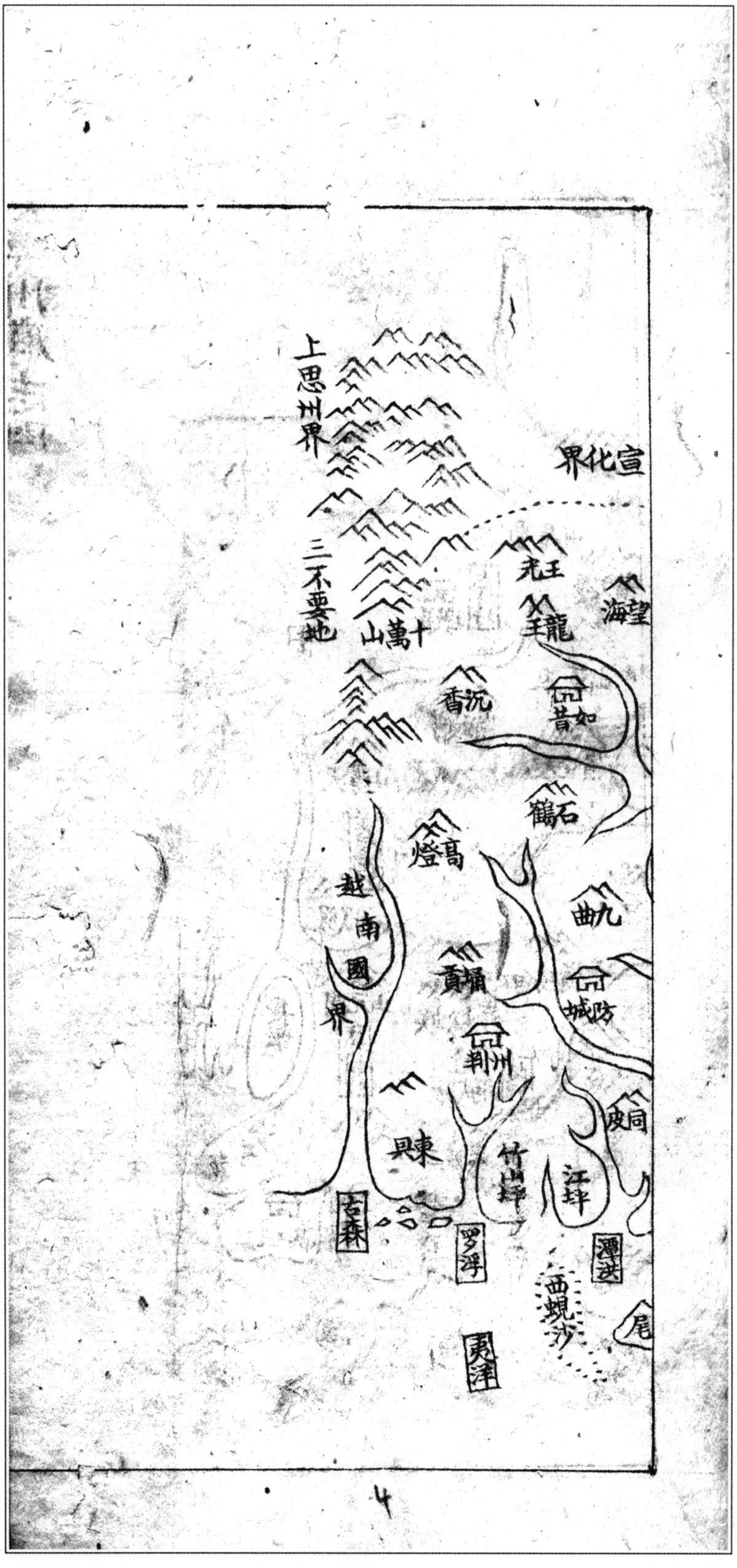
上思州界
三不要地
十萬山
宣化界
望海
龍王
沉香
如昔
石鶴
高燈
九曲
越南國界
防城
東興
竹山坪
江坪
古森
罗浮
西蜆沙

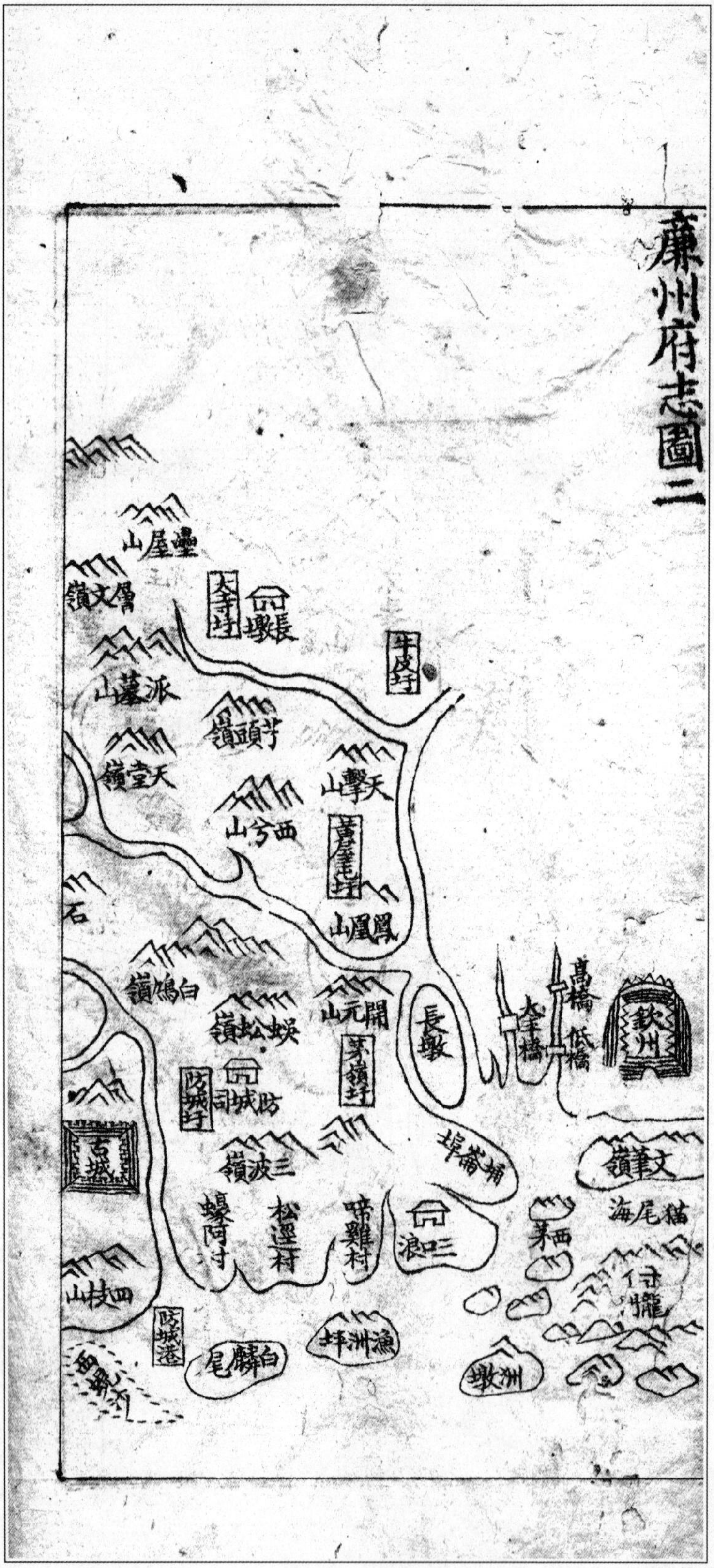
廉州府志圖二
欽州
長墩
古城
疊屋山
天堂嶺
西方山
天擊山
白鳩嶺
開元山
三波嶺
文筆嶺
猫尾海
白鱗尾
漁洲坪
防城港

廣西上思州界
三十六村
王光山
鹿豹嶺
八角山
埇文山
三不要地
十萬大山
望海嶂
沉香嶺
石船嶺
銀東嶺
教良隘
鶴嶺
大勉山
大勒山
埇貢嶺
守備署
州判署
棋盤山
天南橋
東興街
夷界
夷洋

防城县小志

廉州府志圖三

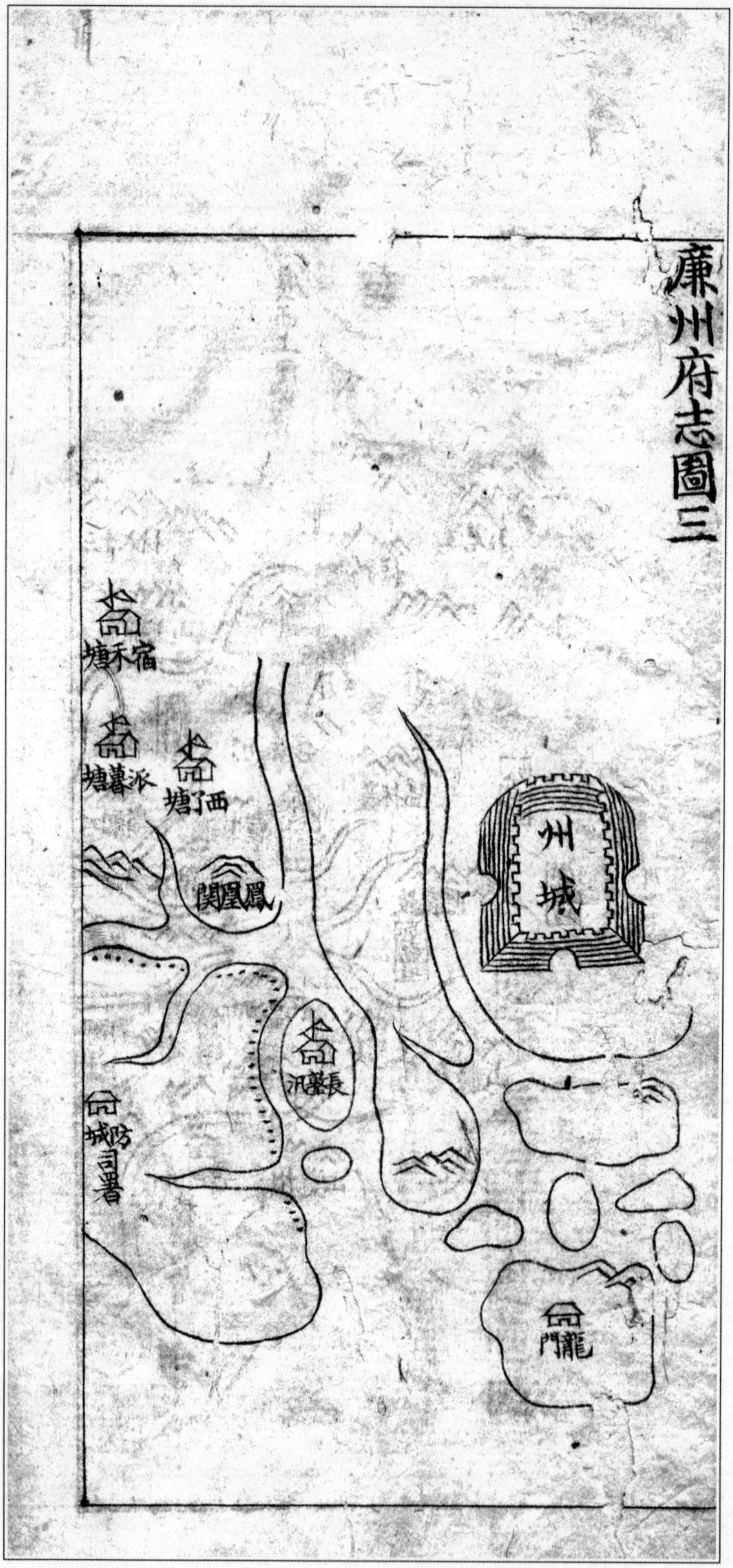

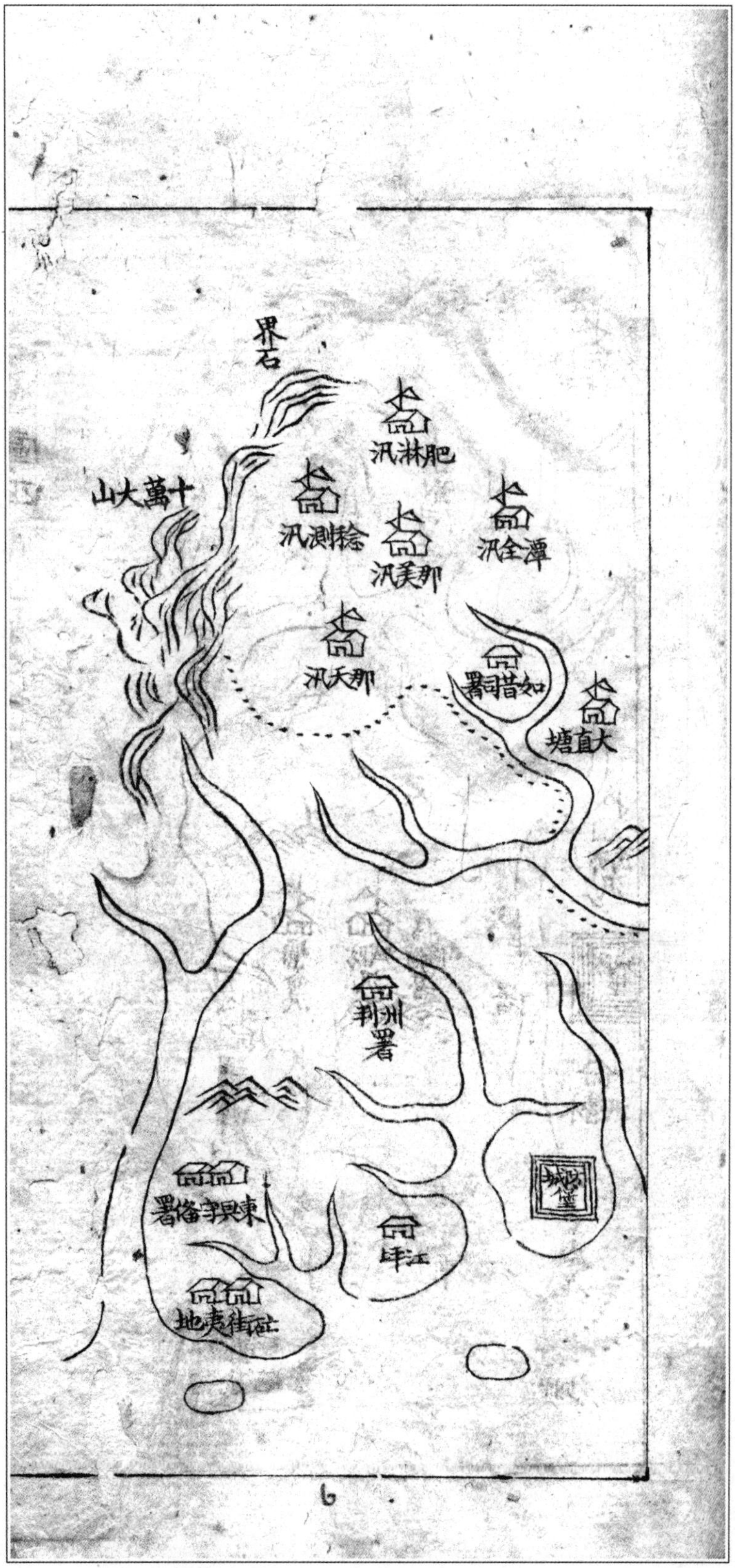
界石
十萬大山
肥淋汛
那美汛
潭全汛
那天汛
如昔司署
大直塘
州判署
東興守備署
江坪

廉州府志圖四
長墩汛
龍門
防城司署
水營汛
三口浪汛
漁洲坪汛
紅沙灣汛
石龜砲臺

扶隆汛
大菉汛
白鷄汛
那勤卡
北崙汛
那梭汛
思勤汛
州判署
守備署
羅浮汛
松柏汛
東興街汛
江坪街

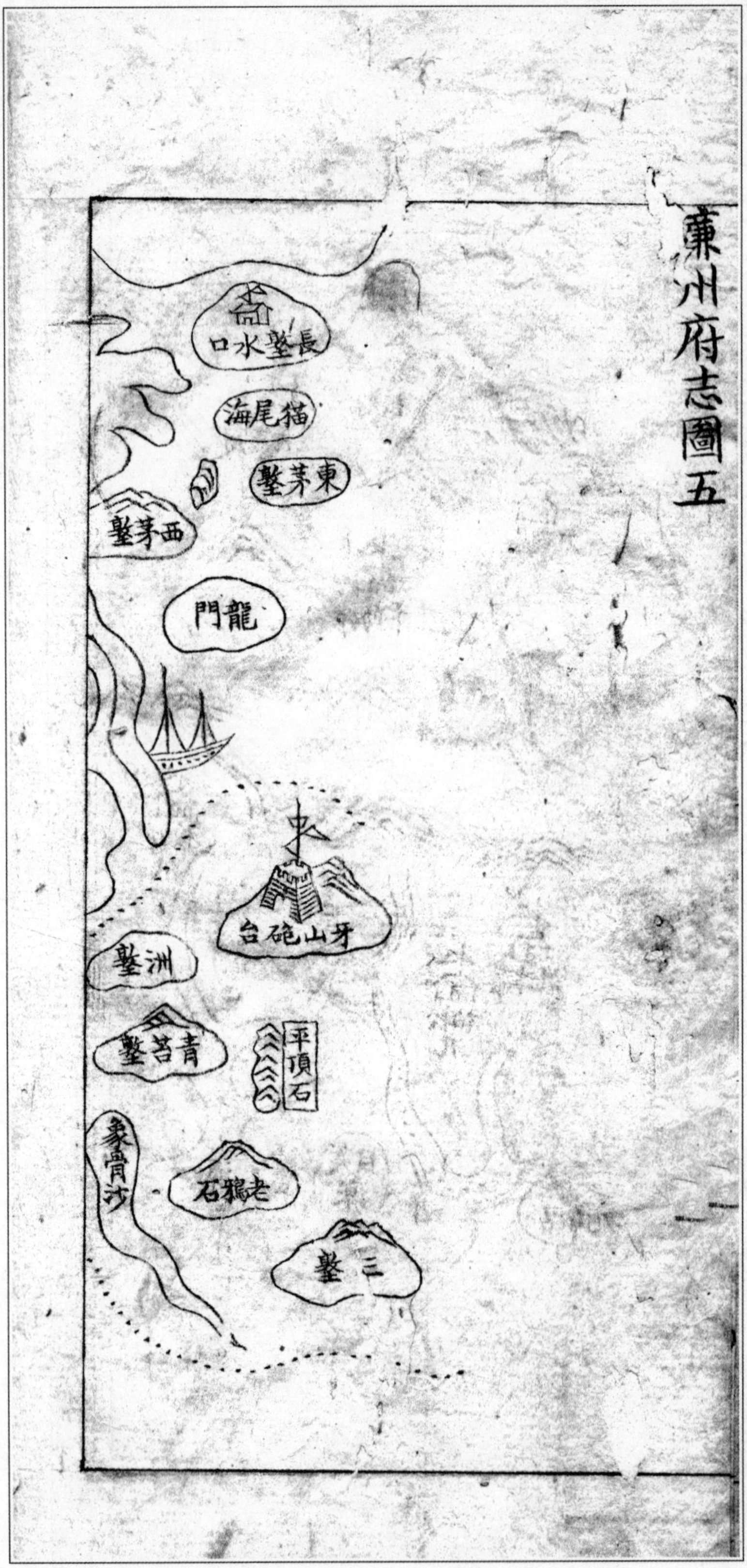
廉州府志圖五
長墪水口
猫尾海
東茅墪
西茅墪
龍門
牙山砲台
洲墪
青苔墪
平頂石
象鼻沙
老鴉石
三墪

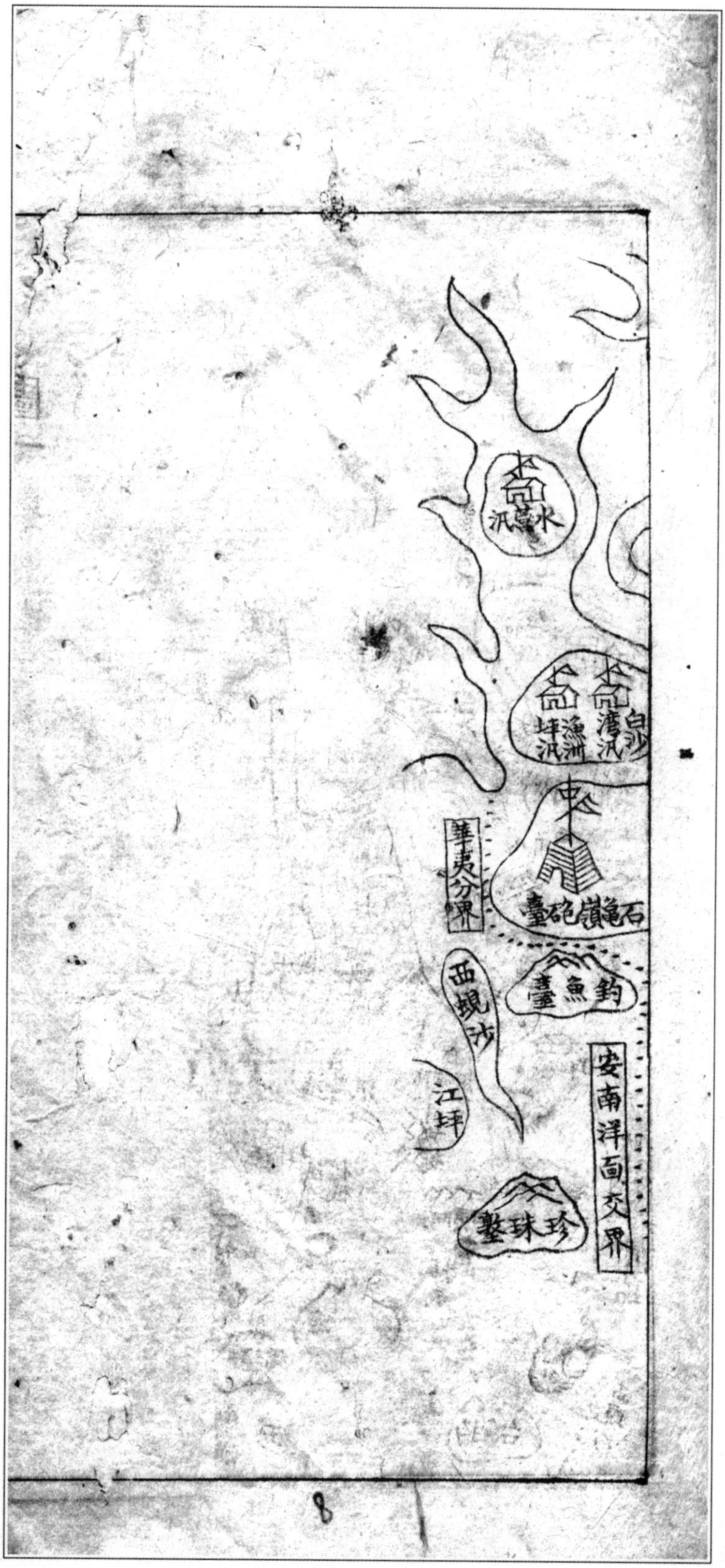
漁洲坪汛
石龜嶺砲臺
華夷分界
釣魚臺
西蜆沙
江坪
安南洋面交界
珍珠墪

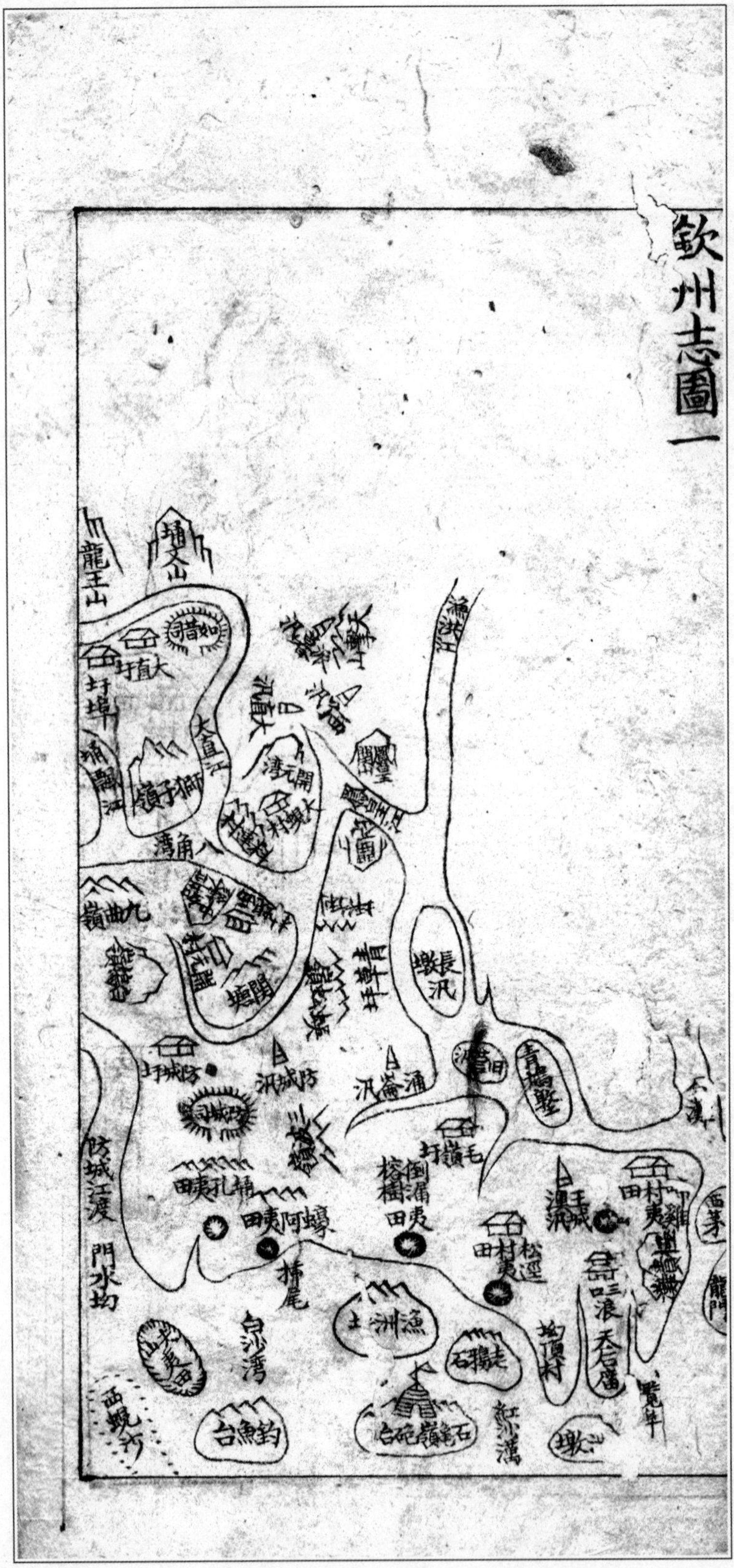
欽州志圖一
龍王山
防城江渡
門水坳
白沙灣
釣魚台

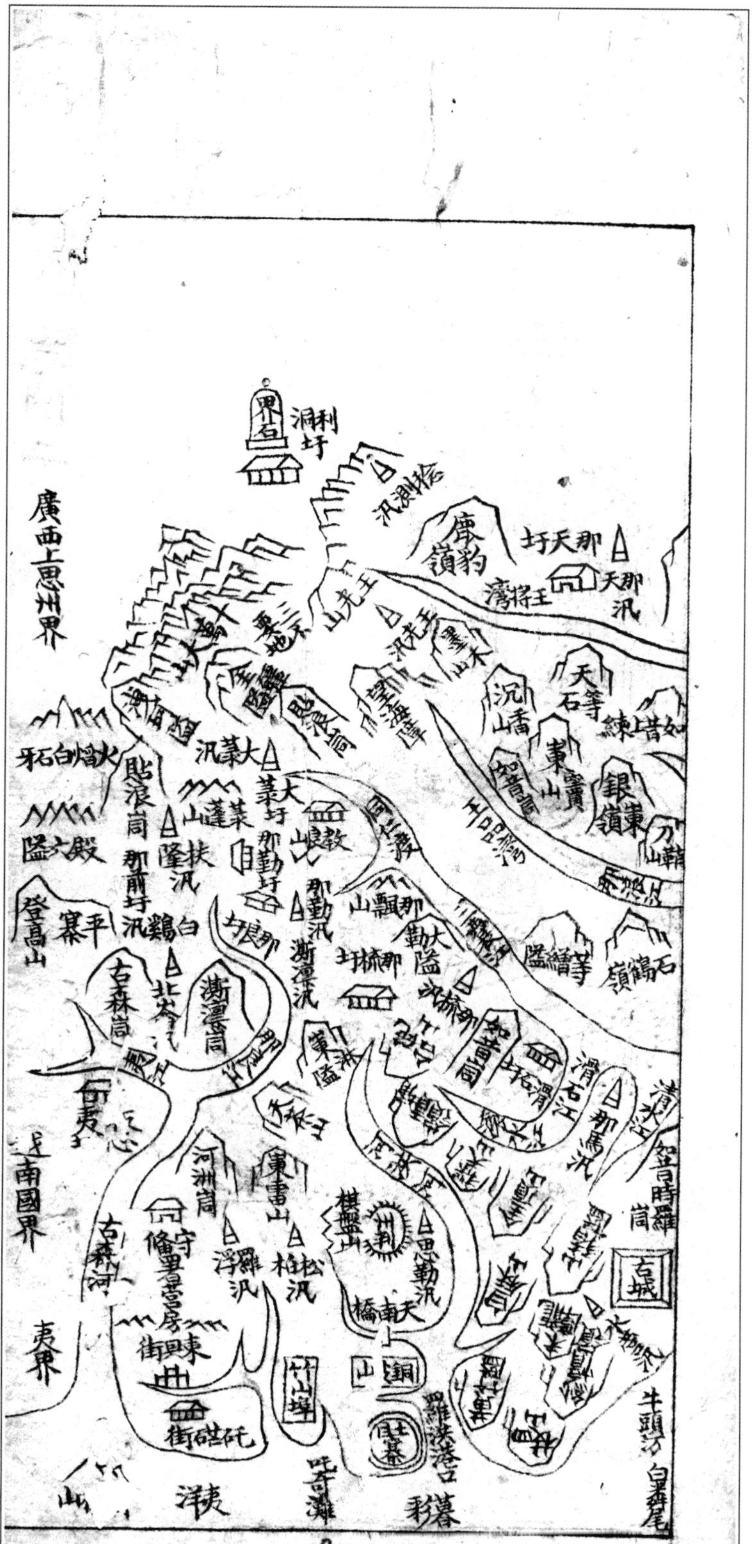
界石
洞利圩
廣西上思州界
那天圩
那天汎
廉豹嶺
王將灣
天等石
火焰白石牙
殿六隘
平寨
登高山
古森峝
越南國界
古森河
夷界
東興街
竹山塘
暮彩
洋淇
牛頭汾
白皇尾
思勒汎
天南橋
大菉汎
大菉圩
扶隆汎
那勤圩
那勤汎
滑石江
那馬汎
清水江
浮羅汎
松柏汎
古城

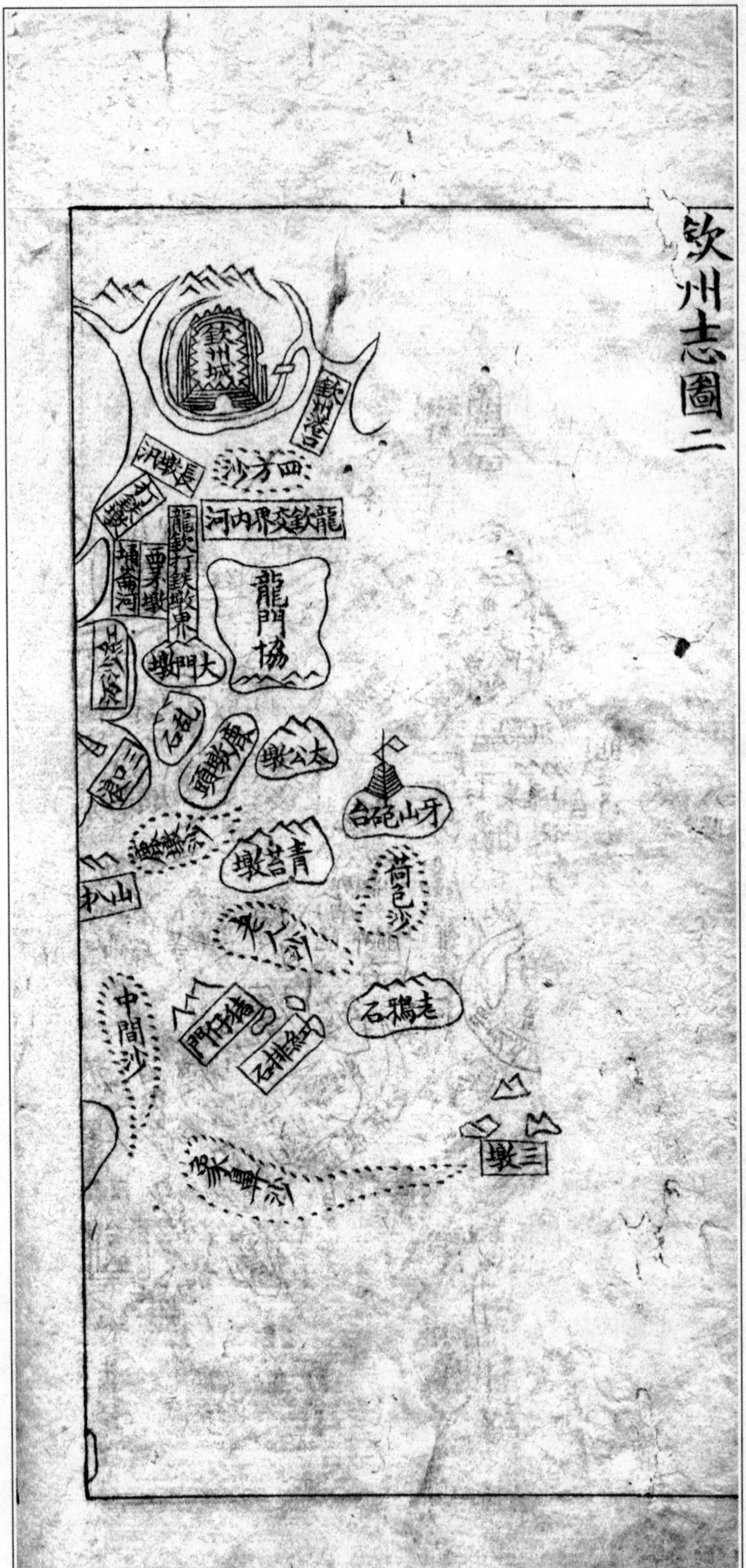
钦州志圖二
欽州城
四方沙
長墩汛
龍欽交界內河
龍門協
大門墩
太公墩
牙山砲台
青苔墩
荷包沙
老鴉石
中間沙
三墩

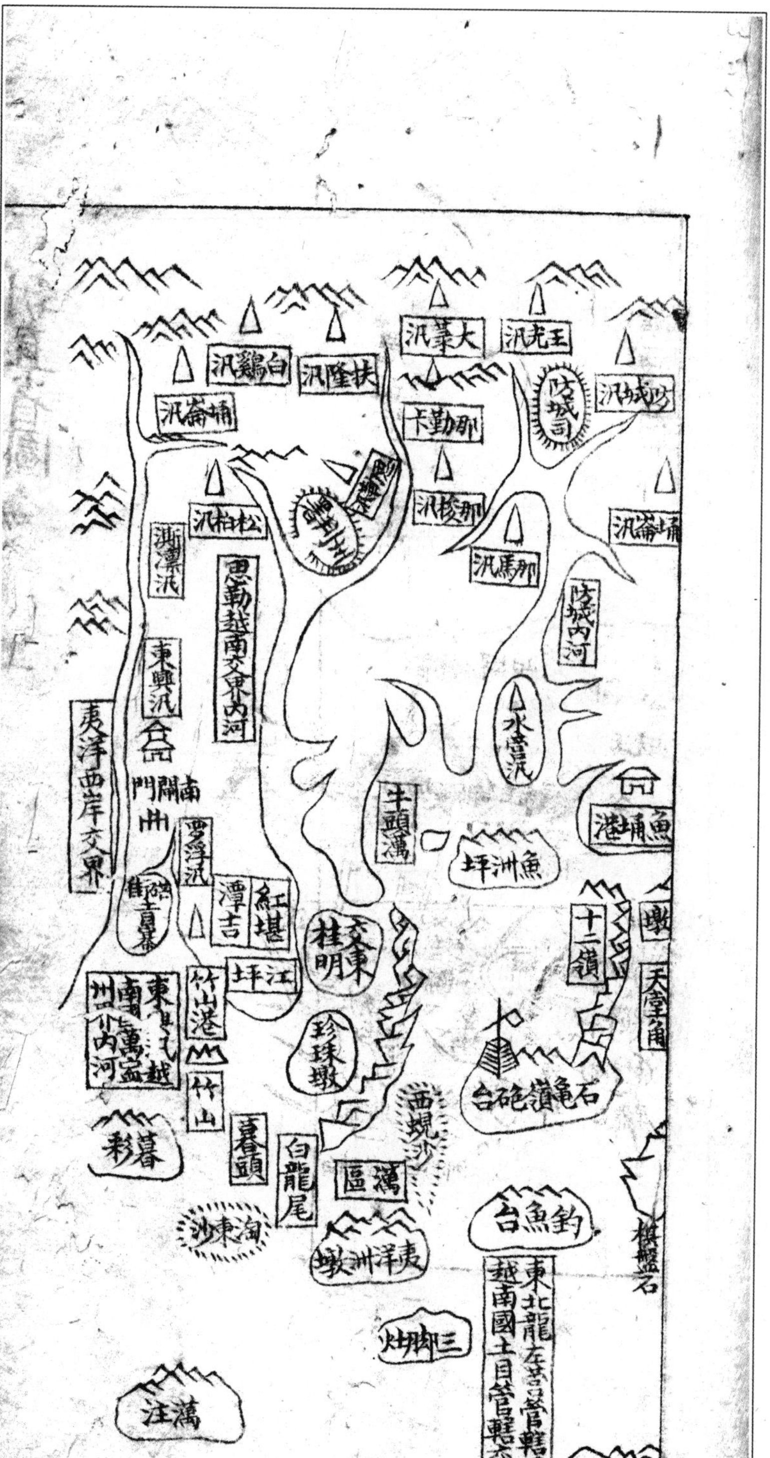

白鷄汛
扶隆汛
大菉汛
王光汛
防城汛
防城司
那勤卡
那梭汛
那馬汛
松柏汛
思勒越南交界內河
東興汛
夷洋西岸交界
防城內河
水營汛
牛頭灣
魚埇港
魚洲坪
紅堪
潭吉
江坪
交東
桂明
珍珠墩
竹山港
竹山
十二嶺
天堂角
石龜嶺砲台
西堤沙
白龍尾
暮彩
海東沙
夷洋洲墩
釣魚台
東北龍左營管轄西南越南國土目管轄交界
三脚灶
瀉注
三塊石
棋盤石
10

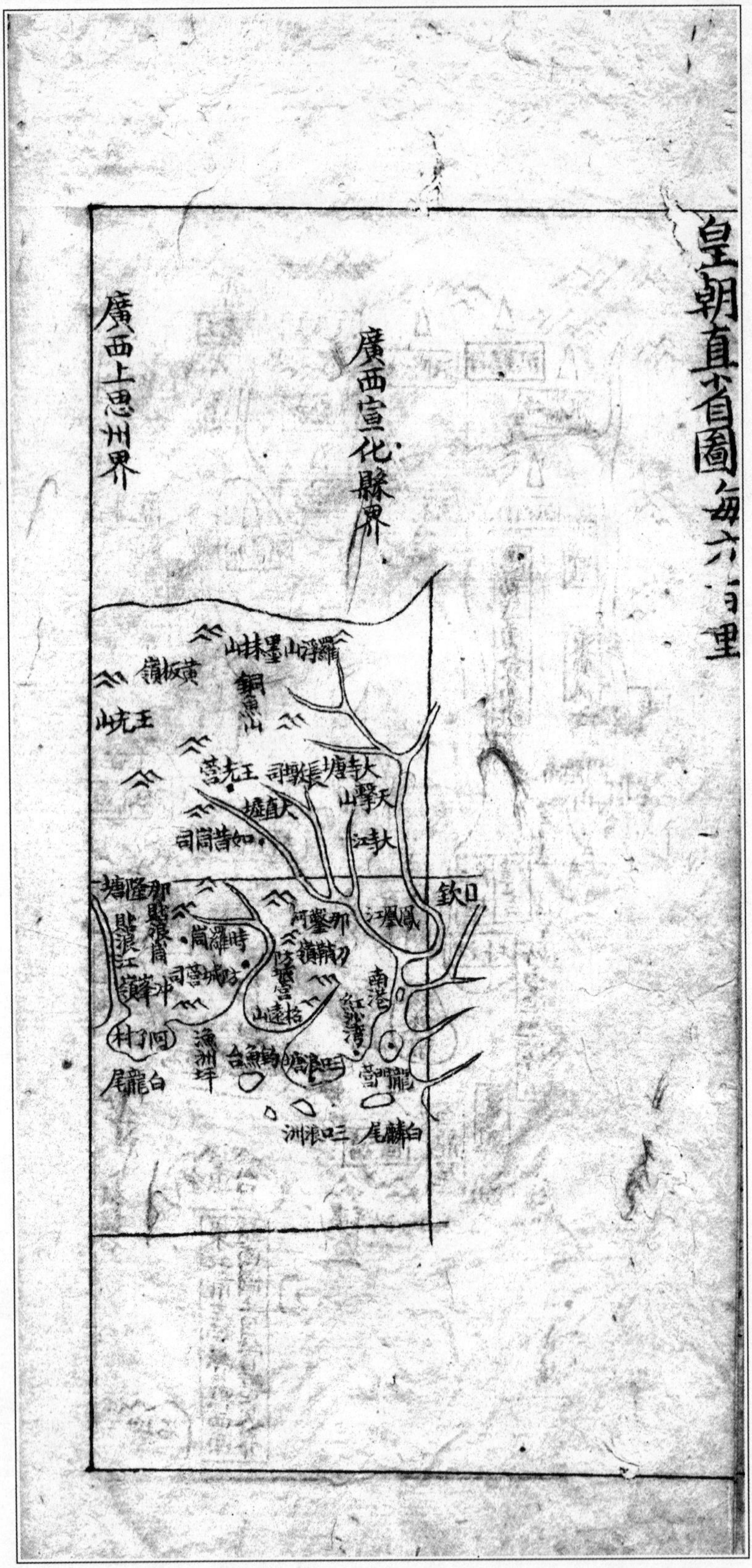
皇朝直省圖
廣西上思州界
廣西宣化縣界
白龍尾

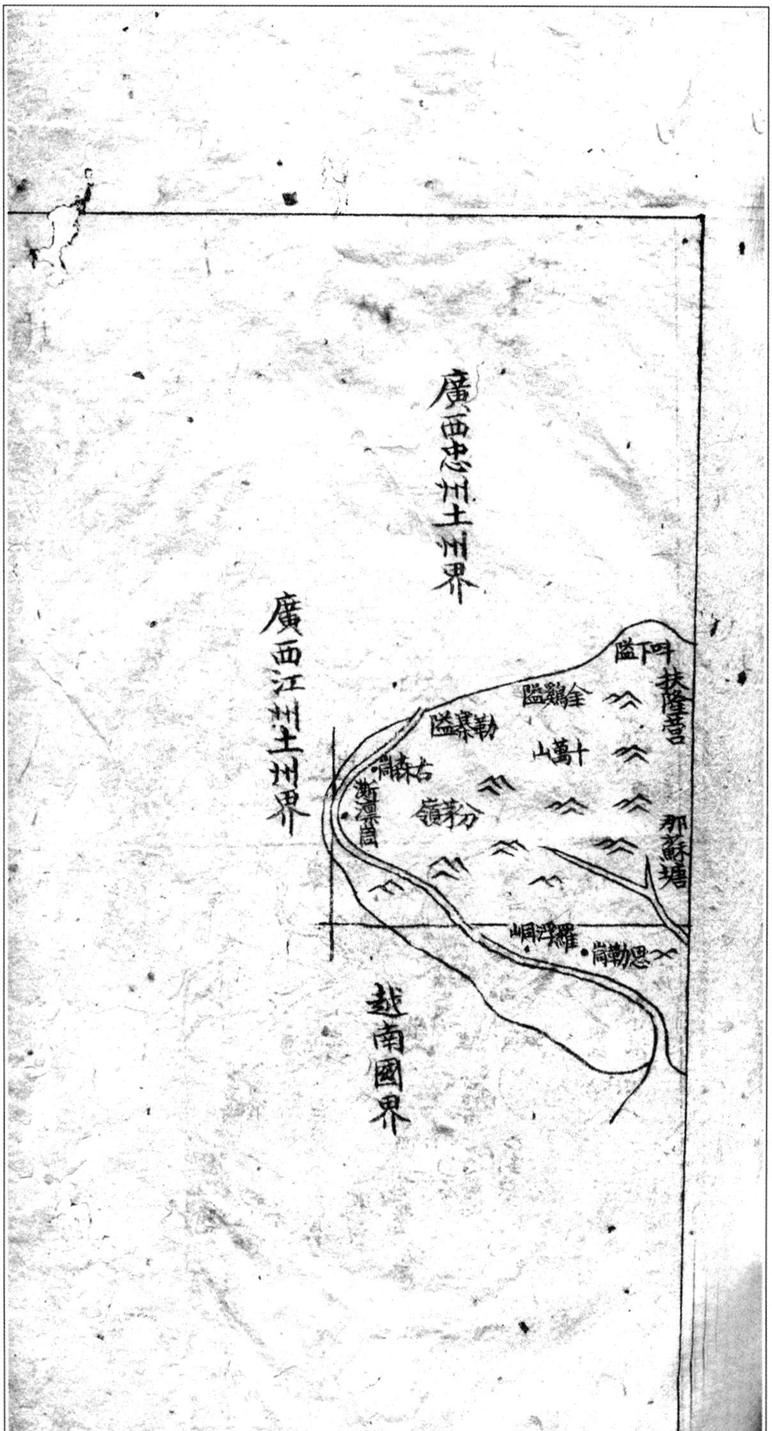

廣西忠州土州界
廣西江州土州界
叫下隘
全鷄隘
扶隆营
勒累隘
十萬山
古森峝
分茅嶺
那蘇塘
羅浮峒
思勒峝
越南國界

廣東圖說每度二百五十里
欽州
龍門協
東興鎮
防城司
清水江
那馬汛
四枝山
三口浪汛
三口浪
王城澳汛
紅沙灣汛

以上諸圖舛錯甚多本不足録然學者讀書貴在參稽而兼覽彙而存之是亦考古者之所不廢云

右諸圖

秦

〔一統志〕廉州府禹貢荆州之南境秦為象郡地漢為合浦郡之合浦縣

漢 謹按後漢同

〔漢書地理志〕合浦郡屬交州縣五 謹案内一縣併今防城以東地 合浦

〔又〕交阯郡屬交州縣十 謹案内一縣併今防城以西地 麊泠

季漢 謹案屬吳

〔吳志孫權傳〕黄武六年改合浦郡曰珠官郡〔宋書州郡志〕孫諒復舊 謹案屬交州領縣五内合浦一縣併今防城以東境

〔宋書州郡志〕交阯太守謹案屬交州統縣無考內一縣為今防城以西地海平吳立曰軍平晉武改名謹案即析漢麊泠縣以东之所置也

晉

〔晉書地理志〕合浦郡謹案屬交州統縣六謹案內一縣併今防城以東地合浦

〔又〕交阯郡謹案屬交州統縣十四謹案內一縣併今防城以西地海平

宋

〔宋書州郡志〕宋壽太守謹案屬越州宋分合浦地置治宋壽今防城以東俱為宋壽縣之西境

〔又〕交阯太守謹案屬交州領縣十二謹案內一縣為今防城以西地海平

齊

〔南齊書州郡志〕宋壽郡謹案屬交州領縣無考內郡治宋壽一縣併今防城以東地

〔又〕交阯郡謹案屬交州領縣十謹案內一縣為今防城以西地海平

梁

〔參考諸書〕黃州寧海郡大同元年分置領縣三　安平州郡治析海平置　海平　玉山析宋壽置謹案今欽州三娘灣地　陳同

隋

〔隋書地理志〕寧越郡統縣六謹案內一縣在今防城境一縣併今防城以西地　遵化開皇二十年置謹案此田是析海平縣地又案廉州府志載欽州明初有鄉曰遵化統都三曰時羅曰貼浪曰加首則遵化一縣當為今欽州之防城縣地不在靈山也而諸志俱以為其在今靈山縣境也者蓋徒見廢後省入靈山之文而未深加考故耳

海安梁置曰安平置黄州及寍海郡平陳郡廢十八年改州曰玉州大業初州廢廿六年又省海平玉山二縣入謹案今東興縣丞所屬之古森澌澟河洲洲思勒羅浮五峝并江平司及越南國之海寍府地

唐

〔舊唐書地理志〕欽州謹案屬嶺南道容管經畧使天寶元年改爲寍越郡乾元元年復爲欽州領縣五謹案內一縣在今防城境遵化〔唐書地理志〕武德五年以內亭遵化二縣置南亭州〔舊唐書地理志〕貞觀二年省南亭州復以遵化來屬欽州謹案內亭今欽州林墟司地

〔唐書地理志〕陸州謹案屬嶺南道安南都護節度使本玉山州武德五年以寍越郡之安海玉山置〔舊唐書地理志〕貞觀二年省上元二年復置玉

山州改為陸州以州界山為名天寶元年改為玉山郡乾元元年復為陸州領縣三謹案內一縣併今防城以西地寍海唐書地理志本安海武德四年又置海平縣貞觀十二年省至德二載更名謹案海寧元和郡縣志又作海寍

五代謹案時海寧一縣沒入交阯

一統志欽州五代屬南漢十國春秋領縣五謹案內遵化一縣為今防城縣地

宋

九域志欽州越寍南郡謹案屬廣南西路縣二開寶五年省遵化縣入靈山景德二年改安京縣為安遠

靈山謹按併今防城以東地

安遠謹按併今防城以西地。九域志較本史地理志所載加詳故引用之

3

元

元史地理志欽州路謹按屬湖廣行中書省海北海南道宣慰使司領縣二謹按內路治一縣併今防城境安遠

明

明史地理志欽州謹案屬廣東布政使司廉州府西北有管界巡檢司又西有如昔又有佛淘二巡檢司與交阯接界宣德二年入於安南嘉靖二十一年復

國朝

案冊光緒十四年十二月升欽州為直隸州改防城巡檢司為防

城縣屬焉以州舊所隸之東興一州判及如昔一巡檢地撥歸管轄其防城東南原管之三娘灣地則割屬於州并於新地江平置巡檢司以為縣屬計領縣丞一典史一巡檢司一岗九

右沿革

國朝	防城縣 屬廣東高廉欽道欽州直隸州
二漢	合浦蒼冷二縣地
季漢	屬吳為軍平縣及合浦縣地
兩晉	海平縣及合浦縣地
宋齊	海平縣及宋壽縣地齊時兼得安金縣之西境
梁陳	黄州寧海郡所領安平海平二縣及安州安京郡之安京縣地
隋	遵化海安二縣及安京縣地
唐	遵化寧海二縣及保京縣地
五代	遵化縣及保京縣地
宋南宋	靈山安遠二縣地
元	安遠縣地
明	欽州地

4

捕屬

舊為如昔司地乾隆四年移龍門司駐此改為防城巡檢司光緒十四年升司為縣以巡檢所轄故地改為本縣捕屬

海平縣地

遵化縣 開皇二十年置屬欽州後屬寍越郡

遵化縣 初屬南亭州改屬欽州

遵化縣 屬欽州

開寶五年 廢入靈山縣為鄉亦曰時羅峝

安遠縣 時羅峝

如昔司 所屬時羅峒後改曰遵化鄉

東興縣丞 初為如昔司地乾隆八年移欽州州判駐此尋遷思勒峝旋復還駐東興光緒十四年改州判為縣丞来屬	
海平縣地	
黃州寍海郡 梁分海平縣置治安平陳因之	安平縣 梁置為黃州寍海郡治陳因之
玉州 平陳郡廢開皇十八年改黃州曰玉州大業初廢	海安縣 本安平縣改名屬寍越郡
	安海縣 屬陸州至德二年更曰海寍縣
	無考
	靈山縣遵化鄉屬貼浪峒
	安遠縣地
	初為欽州佛淘巡檢司宣德二年没於安南黎氏以屬萬寍州尋於貼

5

防城县小志

	如昔司 初屬欽州光緒十四年來屬
	封山郡 治安京縣地○齊分宋壽縣置
	安京郡 治安京縣地○本封山郡安金縣梁改名
	寍越郡 安京縣地
	欽州保京縣地○本安京縣至德二載更名
	欽州保京縣地
	欽州寍越郡安遠縣如昔砦○安遠本唐保京縣宋改名
	欽州路安遠縣地
浪峒僭置貼浪州河洲峒僭立丫葛衛嘉靖二十一年收復仍屬欽州	欽州如昔巡檢司洪武間設宣德二年没入安南黎氏於此僭置如昔

	江平司 光緒十四年收復置司屬縣
	交阯郡麊泠縣地
	軍平縣 吳置屬交州交阯郡
	海平縣 本吳軍平縣武帝更名屬交州交阯郡
	海平縣 俱屬交州交阯郡
	海平縣 俱屬黃州寧海郡
	海平縣 大業三年省入海安縣
	海平縣 武德四年復置屬陸州貞觀十二年省入安海
	無考
	安遠縣屬思勒峒
	安遠縣地
州嘉靖二十一年收復仍屬欽州亦日永樂鄉也	沒入安南

謹案防城縣漢為合浦麓冷二縣地分屬合浦交阯郡吴析麓冷之東境立軍平縣亦屬交阯晋武帝改軍平縣曰海平宋分合浦郡置宋壽郡治宋壽於是防城以東為宋壽縣地其西則仍為交阯太守之海平縣境齊因之梁武帝大同元年分海平宋壽立安平玉山二縣復於安平縣置黄州及寍海郡領安平海平玉山三縣隋平陳郡廢開皇十八年改黄州曰玉州二十年割海平縣之東北境置遵化縣屬欽州大業初廢黄州及海平玉山二縣改安平曰海安以所廢之海平玉山二縣併入唐武德四年復置海平玉山二縣改海安曰安海五年於玉山縣置

玉山州隸交府領縣三曰玉山海平安海撥遵化縣屬南亭州貞觀元年以玉州隸桂府二年省玉州南亭州以遵化還屬欽州十二年省海平縣入安海縣總章元年析玉山南界置烏雷縣上元二年復置玉山州改為陸州治烏雷天寶元年改陸州曰玉山郡玉山縣曰華清縣乾元元年復玉山郡為陸州大歷三年移陸州及烏雷華清二縣於安海縣南大海改安海縣曰海寍五代地屬南漢宋開寶五年省遵化縣入靈山而防城以西則為安遠縣地元時全境俱屬安遠明為欽州之管界如昔佛淘三巡檢司

國朝其地分屬欽州之東興州判及防城如昔二巡檢光緒十四年奏改為縣屬廣東欽州直隸州

右沿革表

按圖防城縣在州西少南一百四十里東西距四百四十里南北距二百一十里東至峽涇村接本州捕屬傍城練界三十里西至那沙墟外銀硃水接越南國界四百一十里南至白龍尾海濱一百五十里北至那庄村接本州長壕司界六十里東南至三口浪大海七十里西南至東興與越南國界二百里東北至峽涇村接本州吏目傍城練界三十里西北至鹿豹嶺接廣西上思州界

八十里至省八百四十里至　京師六千九百三十九里

又捕屬東西距七十五里南北距一百零五里東至峽涇村接欽州捕屬傍城練界三十里西至那馬汛接如昔司如昔中練界三十五里南至石龜嶺大海九十里北至鴻熙嶂接欽州長墩司如昔下練界十五里東南至漁涌港海濱八十里西南至白龍尾一百五十里東北至埇崙山背接欽州長墩司如昔下練界十五里西北至新村八百村接如昔司如昔中練界七十里

又東興縣丞在縣西二百里東西距二百四十里南北距一百四十餘里東至松柏村接江平司思勒下峝界三十里西至那淤墟

外銀硃水接越南國界二百一十里南至江[illegible]越南國海寧府界一里北至扶隆隘接如貼昔浪峝界一百四十里東南至高欄村大海三十里西南至大堂坡接越南國界二里東北至茅坡村接江平司思勒上峒界四十里西北至北崙隘接廣西上思州界一百四十里至州城三百四十里如昔一百餘里江平六十里

又如昔司在縣西北一百里東西距一百一十里南北距二百八十里東至埇板村接欽州長墩司勒孔村界五十里西至十萬山接廣西上思州界六十里南至砲臺嶺接江平司思勒上峝界三百三十五里北至天馬嶺接欽州長墩司界五十里東南至灘營

村接捕屬石嶺團界六十里西南至扶隆隘接東興分縣古森峒界二百三十里東北至那瓦村接長墩司界四十五里西北至呌奇隘接廣西上思州界六十里

又江平司在縣西一百一十里東西距九十里南北距七十二里東至茶山村接捕屬合和團界六十五里西至棋盤山接東興分縣羅浮下峒界二十五里南至老鼠山大海五十里北至沖峰村接如昔司屬時羅峒地二十二里東南至克溪村接捕屬西蜆團界五十二里西南至長山村海岸二十里東北至扒沙水村接捕屬緸化團界七十里西北至水尾村接東興分縣澌凜峒界五十里至州城二百二十里東興六十里如昔一百餘里

右疆界

〔天下郡國利病書〕廉州西水路自烏雷正南二日經埔崙周墪而至交阯永安州歷大小麻墩思勒隘茅頭少東則白龍尾

〔讀史方輿紀要〕廣東西距安南安南自廉州府欽州分界由海道以入交州則欽州海陽其必出之途也

〔又〕廉州之境尤為全廣重輕故兵副持衡於靈山達堡增屯於衛北海寇之警峒獠之擾外夷之侵有兼憂焉

〔又〕欽州控臨大海制馭安南為藩籬要防折衝重地永樂中兩征交阯皆自廣西之憑祥雲南之蒙自而未嘗以奇兵出欽州傾其內險故賊得以偷息海上則欽州者滅交阯之要道也嘉靖中州

臣林希元曾建議而不果用有事交阯者安可後欽州而不講歟

〔又〕廣東入交海道自廉州烏雷山發舟北風順利一二日可抵交之海東府若沿海岸以行則烏雷山一日至永安州白龍尾白龍尾二日至玉山門又一日至澫寍州謹案今俗名六虎澫寍一日至廟山廟山一日至屯卒巡司又二日至海東府

〔府志〕三不要地州西南古森峝地方包裹十萬大山中廣濶五六十里春夏瘴癘最甚人皆黄腫大肚乃水土極惡之區離州城四百八十里又為私販夷塩通廣西上思州忠州之捷徑防範最難

周客　按通志三不要地在欽州西南盡界與廣西上思州安南

古森河口接壤而各不相屬俗稱廣東不要廣西不要安南不要以荒僻險阻難以統轄雍正六年春二月督撫會疏請歸欽州就近撫綏故北有北崙汛設兵戍守東有白雞汛設兵巡游謹案篇內所引之一統志即大清一統志郝通志即郝玉麟廣東通志阮通志即阮元廣東通志州府志即廉州府志及欽州志也餘並同

〔又〕又永樂鄉二圖接廣西上思州界三圖接謹案廣東圖說於接字上誤加西字安南萬寍謹案州志作永安州界

〔又〕如昔崗州西南大直墟如昔巡檢駐此崇山峻嶺其地廣濶土田頗沃距州城尚近

〔又〕時羅崗由防城抵如昔北砲臺為界有土田蚕桑〔又〕謹按凡所引同在一

書篇頁隔越者則加時羅都至佛淘巡檢司與安南萬安州分界
又字以別之下倣此〔又〕貼浪
〔又〕貼浪嵓近十萬大山勢層叠如波本名疊浪俗稱貼浪
都南至分茅嶺與安南萬寍州分界
〔又〕思勒嵓與安南國江平一嶺之隔迤南五十里有黄竹隘為中
國要寨乃八嵓中扼吭之地　國朝乾隆二十年乙亥知府周碩
勳請原駐東興街州判移駐於此
〔又〕澌凛嵓與安南國遷隆州黄蜂墟相近皆欽州極邊防守最關
緊要
〔又〕古森嵓在北崙汛三不要地水土極為惡毒為州屬極邊地逼

近交夷為私鹽總滙之所八肯中最為不毛

又派暮塘東至西了塘十五里西至大直塘二十里（謹案阮通志作十五里）南至芓倫塘十里北至米角村十三里至州城六十五里派暮村距塘十里埇板村距塘三里芓倫村距塘十里米角村距塘十三里

又大直塘東至派暮塘二十里西至龍門營王光汛（謹案通志作扶隆汛）界三十里南至龍門營扶隆汛界二百里北至那改村十六里至州城九十里大白埇村距塘六里那[米林]村距塘十里那改村距塘十六里阿苗村距塘二十里大直墟一里

（又）稔浰汛東至高黎村二里西至廣西呑細隘五里南那畧村八里北至廣西緑蔥村七里至州城一百四十五里（阮通志）距欽營一百八十里至那美汛五里稔浰村距汛一里

（又）紅沙灣汛東至牙山汛水路十里西至三口浪汛水路二十里通志作三十里南係大洋北至龍㠀水路十里至州城水路七十里（又）東與牙山相對為龍門內户（廣東圖説）下多礁石最為險阻

（府志）三口浪汛東至紅沙灣汛水路二十里西接安南國松迳村南臨大海北至防城汛陸路一百五十里至州城水路九十里（又）在龍營西水路四十里東與烏雷相對為西南要路寔龍門第二

門户
又王城澳汛在磨刀水山坡上離龍門水路三十里紅沙灣水路二十里離三口浪水路四十里離㳇港陸路五里由王城澳五里過山至㳇港村水路六十里至夷地潭洪又過山二里抵海港約六十里達江坪乃内地透漏外洋之奥區乾隆十九年副將黄錫申請添建
又石龜嶺砲台東至三口浪汛水路七十里西至漁洲坪汛水路三十五里南係大洋北三十里至安南國啼雞村坐落州城南水路一百六十里（採訪在縣九十里）
又在龍營西水路一百一十里與白龍

尾相對商漁湊集華夷接壤不為獨龍門第一重門戶又為高雷廉第一重門戶也

廣東圖說石龜嶺又西為釣魚臺又西南為西蜆沙又西北為白龍尾又西為暮彩又西為吒奇灘

府志漁洲坪汛東至安南屬松逕村陸路四十里西至白沙灣水路十五里謹案營冊作西至牛頭灣水路二十里南係大洋至西蜆沙安南海面交界北至水營汛水路三十里至欽州城水路一百九十五里阮通志至石龜嶺水路三十里營冊距白龍尾水程二百零五里埇孔村距汛二十五里華壇村距汛三十里佛堂村距汛七十里榕木村距汛三十五里又在龍營西

南水路一百四十里（謹案營冊作一百一十里）又東為蓬羅港炮臺濱臨大海與安南夷洋交界

〔府志〕水營汛東至漁洲坪汛水路三十里（謹案營冊作東至三口浪汛水路九十里）西至那馬汛陸路三十五里南至安南交界潭洪村水路六十里北至防城汛陸路五里至欽州城水路二百二十五里灘頭村距汛三十里大塘村距汛二十里〔又〕汛距龍營一百七十里（謹案營冊作八十里）

〔阮通志〕至石龜嶺汛水路二十里

〔府志〕[illegible]汛東南至龍島水路六十里西至防城汛陸路十五里北至欽營長墩汛五十里（謹按營冊作七十五里）至欽州城水路一百二十

里〔阮通志〕距龍門營水路六十五里大小頭村距汛三十里埇槎村距汛三十里」

〔又〕防城汛東至埇崙汛陸路十五里西至那馬汛陸路三十里謹按營冊作西至扶隆汛陸路二百里南至水營汛陸路五里謹案水路同北至王光汛陸路九十里至欽州城水陸路共一百四十里時羅崙距汛三里蕨園村距汛四里石嶺村距汛三十五里那蔞村距汛二十五里那[illegible]村距汛三十五里屯鎖村距汛十二里〔又〕在龍營西水路七十五里居龍門右腋與交趾陸路相接狼猺雜處峻嶺崇山寔為欽龍要害之區

〔又〕那馬汛東至水營汛陸路三十里謹案營冊多五里西至那棱汛陸路

六十里南至𡁿貢嶺安南交界陸路九十里北至那姜村陸路二十里至欽州城水陸路共一百七十里那馬村距汛十里那瀣村距汛十五里〔阮通志〕距龍營水陸距路一百零五里

〔府志〕那梭汛東至那馬汛陸路六十里西至澌凜汛陸路一百六十里謹按營冊作西至思勒汛陸路六十里誤思勒在那梭之南不在西也南至海岸陸路九十里北至上扶隆汛陸路一百四十里至欽州城水陸路二百四十里那梭村距汛十里那飄村距汛十里埇朗村距汛三十里〔阮通志〕距龍營水陸路一百六十五里

〔府志〕思勒嵩汛東至河洪河由那梭思勒大山發源直通安南江

江坪外洋〔謹案營册〕東至那梭汎陸路六十里誤　南至安南天南橋交界陸路一百里北至江坪陸路十里西至東興街汎陸路六十里〔營册〕西至松柏汎陸路三十里　北至那梭汎陸路六十里至欽州城陸路三百里大垭村距汎一里黄沙水村距汎三十里竹圍村距汎三十里砲臺村距汎三十里大橋村距汎七十里〔阮通志〕距龍營陸路二百二十五里

〔府志〕松柏隘汎東界江坪謹案誤當從營册作東至思勒汎陸路三十里　西至東興汎三十里營册西至羅浮汎陸路二十里　北至思勒汎三十里營册北至澌凛汎陸路一百三十里　南濱大海距州三百三十里〔阮通志〕距龍營陸路二百五十五里

〔營册〕羅浮汎離龍協水陸二百七十五里謹案通志作二百八十五里　東至松

柏汛陸路二十里謹案通志作三十里西至東興汛陸路十里北至澌凛汛陸路一百里〔府志〕自思勒過潭鱗溪木橋即屬夷地假道於夷三十里至松柏隘再入中國境三十里方抵東興街中間並無汛房以東興一掌之地夾入夷界北逼崇山南臨大海外無援內無恃单弱堪虞乾隆二十年知府周碩勳請在松柏村入中國地界內添設一汛俾思勒東興聲援聯絡制府於東興東十里之羅浮峒口連松柏村接添二汛最得扼要

〔又〕東興街汛東至思勒峝汛陸路六十里西至古森河東岸為界河西係安南國萬寍州砇磋街南至安南屬之江平長山村陸路

五十里北至漸凛汛陸路九十里至欽州城水陸路三百六十里新舖距汛一里牛路村距汛一里埇卜村距汛五里河洲岀距汛三十里羅浮距汛十里松柏村距汛三十五里茅坡村距汛九十里又在龍營西水陸路二百九十五里與安南萬寍州之硭街止隔一河潮退則陸路相通且安南屬之江平常山等㘭村切近在左誠西路第一要汛

又漸凛汛東至那梭汛陸路一百六十里（管冊東至思勒汛陸路一百七十里）西南俱接安南界陸路五里（管冊南至東興汛陸路九十里）北至北崙汛陸路八十里至欽州陸路四百里水路約三百九十里（阮通志距龍營水陸路三百八十五里）那

飄村距汛十里那良村距汛十里

〔又〕北崙汛東至白雞汛陸路四十里西北至廣西西隆州交界謹按大誤陸路十里南至澌凜汛陸路八十里西南至安南以河為界陸路五里至欽州城水路約四百八十里阮通志在龍營西四百六十五里。營册作四百一十五里北崙村距汛一十里

〔又〕白雞汛東至上扶隆汛陸路七十里西南至北崙汛陸路四十里營册南至思勒汛陸路二百九十里北至廣西上思州十萬大山頂交界陸路三十里至欽州城陸路四百里〔阮通志〕距龍營水陸路五百五里。謹案營册作三百七十五里近是白雞村距汛一十里白鶴村距汛十五里

〔又〕上扶隆汛東至王光汛陸路一百八十里（營册東至大菉汛九十里）西至白雞汛陸路七十里南至那梭汛陸路一百四十里北至叫夏隘廣西上思州交界陸路六十里至欽州城陸路四百里（阮通志距龍營水陸路二百八十五里。謹案營册作三百四十五里）那勤村距汛三十里那鄧村距汛十里小峯村距汛六十里那喇村距汛二十里扶隆村距汛五里

〔又〕大菉汛東至王光汛一百里（謹按通志營册俱作九十里）西至扶隆汛八十里（謹案營册作九十里）南至那梭汛（謹案營册作那馬汛）一百二十里北至鹿豹隘頂廣西上思州界陸路六十里〔阮通志〕距龍營水陸路二百八十五里（謹案營册作二百五十五里）〔府志〕逼近十萬大山與粵西上思州毘連秋冬

趁墟沿河兩岸男女婦以千百計為私塩淵藪奸匪出没之區乾隆二十年乙亥知府周碩勳據署牧栗榮訓請設汛安營於此以資防守

（營冊）那勤卡汛離龍門協水陸路二百二十里東至大菉汛陸路四十里西至扶隆汛陸路二十五里南至那棱汛陸路八十里北至廣西大山陸路二十五里（府志）欽州屬嘉慶二十四年知府何天衢巡查至此該處紳耆以地接交夷山崇谷邃距州城三百餘里汛名窵遠奸匪時聚為害籲請設卡撥兵防守本府詳准設卡每年輪派龍門左營存城千把總一員帶兵三十名駐防巡緝

〔又〕王光四十萬山口汎東至大直墟陸路二十五里（謹案營冊西作十五里）西至工扶隆汎陸路一百八十里（謹案營冊作西至大篆汎陸路九十里）南至防城汎陸路九十里北至欽營三十六村交界陸路一百三十里（謹按營冊作三十里）。至欽州城一百三十里那麽村距汎五里潭烹村距汎五里那連村距汎十五里那北村距汎十五里黃黎村距汎二十里

〔營冊〕茅嶺砲臺離龍協水路三十里西至埇崙汎水路三十里北至欽州長壕汎水路四十里

〔又〕太平卡汎離龍協陸路二百九十五里東至思勒汎陸路六十里西至北崙汎陸路四十里南至東興汎陸路九十里北至白雞

汎七十里

〔採訪〕河洲下峝大溝石橋水外為呂峝界嶺東為羅浮峝界河洲峝北為澌凛峝界西南隔河為越南國界

〔又〕如昔上練那添墟東至巴來嶺接欽州長壞司界三十五里西逾十萬大山接廣西上思州界六十里南至那隆舖接中練界二十五里北至鹿豹隘接長壞司界十五里東南至天擊舖接長壞司界六十里

〔又〕羅浮峝東至常山村三十里南至渌林紫荆山黎老腰四里西至東興街十里北至茅坡吊應天八三村六十里

〔又〕平旺墟東距縣城六十里西距大菉墟五十里東北距如昔署六十里

〔府志〕烏雷港迤南為冠頭嶺其西十里有紅沙滆三口浪又其外為馬鞍山石龜嶺漁洲坪白龍尾皆海外扼吭之區再西七十五里為防城與交阯陸路接壤由防城而進有三都四峒皆崇山峻嶺狼猺雜處密邇交夷據形勢以籌全策是守土者所當留意也

〔又〕龍門西經三口浪洲墩達防城交阯水永安州寔一州要害之地西南至漁洲坪與安南交界之西蜆沙海道一百四十里蓋海外要區西南之屏障也

〔又〕內外洋面內外洋界祇就中國所管洋面分之非內華外夷之謂也欽州屬內洋界西茅墪埇崙𣸮港三口浪石黽嶺漁洲坪內紅沙灣牛頭灣內華夷交界王城澳白沙灣老鴉洲漁埇港欖埠外洋界白龍尾外西覘沙華夷交界老人沙象鼻沙三墩外玳瑁墩紅排石外青笞頭猪仔門廉州府志曰按舊制海防處分惟港內失事責之汛守若在內外則委之莫可稽考康熙五十四年大部以汛守推委行造內外洋名以專責成法嚴而密莫以加矣舊志遺隘門止書內洋而不書外洋寔屬缺畧茲特詳增於此俾文武各凜巡防云

〔又〕自松明逕逾河十里至平石有河無渡必俟潮退方可涉若子老水則不能也渡河十里至高沙頭亦有河再二十里為古老鴉

又二十里至茅坪又十里至埇崙由埇崙至工十五里有由三波
嶺者則不必經過埇崙由內洋水路歷西茅墩入金雞塘芙蓉港
老陸埠至埇崙計水程六十里登岸十五里至防城
〔又〕自龍門開船南行下十里至紅沙灣又二十里至欖埠內洋有
港可通缸瓦埇儒文荸村又十里經灰斗潭勒山村至三口浪內
洋對岸為鹿鏊凡小船出入必由此經過若師船番舶則從鏊外
出入此處有神浪三口相傳馬伏波射浪即此處也出口外則為
山心再下則為漁涌港內洋有市名企沙商漁并集之所師船下
西多於此停泊按龍門至此西岸一帶俱係沙坪凡行船宜防擱

淺自漁埇港至洲墩八里洲墩至石嶺龜嶺汛十二里此處內洋水尾通入防城石龜嶺至澫歐港三十里澫歐港至白龍尾十二里此處內外洋華夷分界白龍尾過江至澫尾係安南界十五里澫尾海至竹山埠二十里屬夷洋竹山埠至東興街三十里亦夷洋由龍門順風揚帆一日夜可到

〔採訪〕自茅嶺四十里至埇崙汛二十里防城縣城二十里那馬汛二十里滑石墟西南行六十里茶山六十里那梭墟十里砲台十里滑石江十里麥懷村十里望樓角八里牛扼嶺三十里東興分縣

又東興分縣八十里那良墟二十里嘉隆汛三十里里火隘四十里

板興汛三十里冷峝那沙墟
又江平至白龍尾水路四十里陸路一百二十里
又那良墟二十里太平卡四十里北崙汛三十里隘火頂
又那良墟三十里白雞汛七十里扶隆汛二十里那勤墟三十里大
菉墟一百六十里防城縣城
又那添墟東三里曰那利村十里曰團重村十二里曰天馬村二十
里曰那練村二十三里曰分界村二十四里曰屯馬村二十五里曰
屯益村三十里曰那老峝五十里曰板馬村六十里曰天擊舖東
北十里曰那冷村二十五里曰底巴村西南二十五里曰那鴉峒

又大直墟東一里烟墪脚村三里小白埇村十里大白埇村二十里埇板村東南十里灘架村十二里崗晚村十四里那利村二十里派篙村佛子村那飄村南一里下坡村五里那柯村十里石船村十六里屯鼎村十七里琴料村十八里那周村二十一里米粒村二十二里屯岸村二十三里屯筆江村三十里山中鼎支二村三十七里水坡石合村四十里那狼墟五十里灘營村西南五里樸子根村十八里白田村二十里那汐屯象天巖天搭四村二十二里菓竇村二十八里那眠菓村三十里登朗板篷大灣巴來四村四十五里那黄那柏二村西十里那桃崗村二十里松柏那爵那利

那侶四村二十一里屯浮屯品王光營三村四十里埇望高頭二村五十里天堂里欖二村西北十里福利白甲村十餘里平亮賁粥江二村二十里板磨崗平那隆亭子四村二十五里那莊那摩那馬胎三村北一里米連村十里那改村十五里那厚里那巴力壯冊獅子四村二十里埇文村

又江平東至新街村一里橫江村三里王坡山村七里貴明村八里雞邦上村五里鷄邦下村六里山心村八里克溪村五十二里查山村六十五里山腳村五十里石角村三十里交東村二十里斑埃村十二里銀坑山二十里橫飛村四十里隴共甲村四十里琵沙

水七十里南至紅坎村三里潭吉村十里滿尾東頭村二十里滿尾西頭村二十二里西南至龍嶺下村二里巫抅村二里霧頭村十二里西至至新村二里龍嶺上村四里宜囊村七里長山村十里東北至銅皮山七里思勒村十里北至及浪村十里五子嶺十一里觀音山二十里冲峯村二十二里橫江村四里蓢坡村二十四里灘天村二十五里九凜村三十里高嶺三十里車田二十八里至風門隘二十五里黃竹望甲村四十里灘龍二十八里桂芳五十三里冲喜五十五里

右形勢道里附

14

謹案志山川之法莫山經水經若也無如舊志闕畧採訪不清懸
揣湊合則未有不失之千里者故茲惟分司分峝而載之不復
從源溯委脈絡分明
也閱者其諒之哉

黄金嶂 石嶺團 採訪 縣西七十里

鴻熙嶂 海平團 又 縣北十五里石隘過此即屬如昔那埏村

那姜隘 仁和團 又 縣西二十里仁和團路通如昔司大菉墟其西
南即石嶺嶂也

謹按廣東圖説載邊隘於山川此最善法也今從之

石嶺嶂 仁和團 又 縣西三十里高逾蜈蚣嶺其脈發於鴻熙嶂

竹山 同 又 縣十里發脈石嶺嶂

蜈蚣嶺海平團　又縣北里許（廣東圖説）州城西九十里州志俱作州西南百四十里（州志）防城墟高約五十丈三坡嶺龍門島埇崙諸山皆其分枝（州志）脉自望海嶂蜿蜒而來（採訪）形似蜈蚣吐珠嶺頂可望州城尖山北距鴻熙嶂一十五里

石子嶺海平團　又縣東里許埇崙路經其下

沙江坡新平團　又縣南二里許一名埇寨嶺屹立江邊與龜嶺石左相對峙為防城一江之水口近紳耆議建文閣於其上以培風脉

三坡嶺三坡團　又縣東三十里（廣東圖説）州城西南一百三十里

謹案府志州志俱作百四十里（府志）為龍島祖山（採訪）連起三峯形極高大其脈左出者為龍門右出者為海濱諸山。

大頭山 茅嶺團（又）縣東五十里三坡嶺東其北為小頭山

小頭山 同上（又）縣東四十里

埇崙山 埇崙龍蟠二團 （又）縣東十餘里一名蕉心窩峯（府志）州西南百二十里發脈蜈蚣嶺龍營有汛在此

尖山 （採訪）在縣南十八里隆平團江邊平地突起尖秀異常乃防城夫江之小不々也

牛頭嶺 （又）縣西南七十里西覌團防城江西岸與插排尾嶺左

右相對峙形勢天然為防城江口之第一重門戶嶺半有仙人井其水甘洌相近有皇殿嶺將軍山馬鞍山仙人壟皆周遭里許形肖逼真

鯉魚嶺鯉魚江團又縣南二十里為南面諸山之傑出者兩峯相連其一差小自遠矚之勢若鯉魚之躍浪陟其巔可見大海揷

排尾天堂角十二嶺諸山皆其支脈

界牌嶺隆平團又距縣十里防江中古時設立烽堠於此遺址猶存

十二嶺西溪團又距縣九十里西溪團山峯十二蜿蜒相連其西

南濱海盡處為石龜嶺

金頂山鯉化團（又）縣西三十餘里（府志）州西南二百四十里謹案廣東圖說作滑石墟東高二百丈有奇旁有隘隘外夷地發脈望海二百里嶂（採訪）峯巒秀卓其脈直至合和西峴二團而止謹案廣東圖說作南為百厤山誤

金頂隘（府志）在山豬隘南二十里極峻險

白龍尾西峴團（海道圖說）距潿洲角北又西五十一度五十八里有名龍角為澳之東角澳東岸有獨山城垣距白龍角南又西五度八里有隱石曰白龍尾潮漲恰平石頂此石離海岸稍遠

暮夜入港甚難防險首各倫便與富爾易二船於港外停泊處視白龍角為東北又東二分之向相距六里港東面有淺處西面有低角港内水深五拓謹按六尺曰拓〔採訪〕一名白麟尾阮通志曰白麟尾在龍門西大海中往交阯海道經此舊誤分之為二謬矣以上捕屬

烟墩嶺河洲下肖又在教場坡東牛路永金村後大路旁其高五丈下瞰滿水為官員往來迎送之地

狐狸嶺同上又在大塘村高約五丈現有萃軍駐紮於此

黄朝嶺同上又在大塘坡村高十丈嶺北即羅浮肖地現有萃軍

駐防

風繒嶺同上〔又〕在拱辰門外高約八九尺登其巔可望數里前時立保安營於此今有萃軍駐防

横嶺同上〔又〕距州三百六十里横溝村高約十餘丈

哨樓嶺同上〔又〕在麗澤門外高八丈許光緒十一年官紳建七層哨樓於上以供漢伏波將軍馬援即伏波亭也

東鏡嶺河洲上峝〔又〕一名祖嶺在河洲上峝距東興二十餘里高聳如帽中有泉水流出嶺旁之田咸資灌溉其上多茶桂八角

東割嶺同上〔府志〕在河洲峝距州南三百三十里周約八十里俗

呼為七星嶺（採訪）距東興三十五里高數十丈脈發東鏡嶺為河洲羅浮兩峝之祖龍以形似七星故名（又七星嶺）相傳古時頂常有光餘脈南為埇文嶺

埇文嶺（同上）又在河洲上峝壁立高聳為東興諸山之冠嶺之東北即羅浮峝界也

三峝嶺（同上）又一名東山嶺在州西北三百六十里距東興九十里界連羅浮河洲澌凜思勒四峝高逾衆山峯巒餘山巔多巨石水從石罅瀉注而下四時不絕山之陰即貼浪峝地也林山木蓊蔚鳥獸甚蕃

河洲嶺同上又州西北三百六十里河洲大峝村

高吉嶺同上又距州三百六十里高吉村上多松杉羅浮峝之茅坡嶺發脈於此

㱿吾嶺同上又在㱿吾村孤峯屹立尖秀若筆西出為河洲嶺

上樓嶺同上又州城西北三百六十里上樓村山勢突兀高可百丈有小溪下流入河洲嶺村

高朗嶺同上又州西北三百六十里有高朗村

稔葛嶺同上又州西北三百六十里稔葛村發脈上樓嶺有泉水下流注之。

雨遮嶺同又州西北三百六十里平倉村山形𡇾圓囷有類雨
遮故名西界澌凜嵩
風流嶺同上又州城西北三百六十里為通那良之要道岩峯險
峻路徑崎嶇
江那嶺同上又州西北三百六十里江那村竹樹蕭踈頗有山隈
道上風景
大灣嶺同上又距州三百六十里發脈東鏡嶺屹立江濵其下即
大灣潭
北透嶺同上又在北透村上多茶樹發脈東鏡嶺

大田嶺（同上又）距州三百六十里大田村

望興嶺（同上又）州西北三百六十里望興村其最高處名曰獅子

要毬峯

彭祖嶺（同上又）州西北三百六十里距東興六十里山勢連綿極

其廣大為河洲峝諸山之祖有路可通那良墟其支麓之左右

出者為七星嶺風流嶺

穏里嶺（同上又）州西北三百六十里發脈平倉雨遮嶺

淰渕隘（同上府志）州西南三百六十里河洲峝所管隘半里有淰

渕村

大光嶺同上採訪距州三百餘里高約十餘丈有溪水繞其西麓下流注於狗尾瀨其水可引以灌田河洲肖大路直經其上

佛子嶺同上又距州三百六十里高約百餘仞居民往來者輒取石塊投之歲久積成大堆人皆呼之為佛子

天馬嶺同上又距州西北三百六十里高千餘仞兩峯相連起騰似馬

夫老坪嶺同上又距州三百餘里高十餘丈東與往河洲江那之路由此而分

狗尾瀨嶺同上又距州西北三百六十里高約二十餘丈下有村

亦名狗尾瀨村即中越分界圖之米來村也

灘冷嶺同上（又）州西北三百六十里灘冷村高十餘丈

閉成嶺同上（又）州西北三百六十里高十餘丈

燒灰車嶺同上（又）州西北三百六十里高約數十丈發脈埇文嶺

新開田嶺　大林嶺　大狗嶺　大傘嶺俱同上（又）四嶺均高十餘丈距州城西北三百六十里

里範嶺同上（又）在河洲峝一峯特起狀如文筆距東興分縣七十里

勤捨嶺同上（府志）在河洲峝距州西南三百三十里

不吴嶺同上（又）在河洲峒距州西南四百二十里通羅浮澌凛諸峒周約五六十里

埇軻嶺同上（又）在河洲峒距州西南四百一十里周約四十里溪水通羅浮

蕃雷嶺同上（又）在河洲峒距州西南四百一十里通羅浮峒周約四十里山下溪水可通竹筏

牙山澌凛峒（採訪）在澌凛峒北距東興一百里那良墟二十里高二千餘丈周圍約三四十里山石嶙峋其高倚天逾此即為如昔司屬大兔村在其左麓

旗山同上（又）距那良墟二十里與牙山相連高二千丈狀若張旂左為鵞籠村

大王山同上（府志）州西南百餘里（採訪距東興九十里那良墟二里餘）發脈高登山山極高（採訪高千餘丈）盤踞數十里相傳明時有山冦李呂周兄弟據此作巢穴馬道階址猶存

鑒字嶺同上（又）州西南四百餘里漸凜峒（採訪距東興九十里那良墟七里餘）高約五百丈石峰峻峭上有字數行今惟造成二字依稀可辨餘悉糢糊

天茶山同上（又）州西南四百里高約五百丈界名古森漸凜二峒間

山有隘極險峻

天茶隘 同上（又）州西南四百里（採訪）㟴凛峒西那旺村距那良二十餘里路通廣西土思州（府志）及㟴凛羅浮古森諸峒自脚至頂二十里有奇（採訪）其隘即古森峒之白雞村也

大勉山 同上（府志）州西南三百里連貼浪㟴凛二峒高約五百丈山多木石山子猺人種植其上有流泉秋冬不涸

大免隘 同上（又）州南三百五十里㟴凛峒（採訪）距分縣九十里高一百餘丈周廻約五六里那梭往那勤必經於此其左即扶隆隘也 謹案府志作逾河即屬安南大誤

於山則曰南

於山則曰西南於隘則曰南山則三百里隘則三百五十里吾不知當日編此書者何若是潦草之甚也吁

扶隆隘同上（又）在澌凛峒北高百餘丈

罵儂隘同上（又）亦曰把來隘（府志）州西南一百四千里澌凛峒所管旁有溪河逾河即屬安南（採訪）距那良墟二十餘里把來村西路通扶隆爲澌凛峒西北之盡境

夾浪頂同上（又）在澌凛峒東距那良墟三十里界接河洲峒高數百仞有奇

那懷菜山同上（府志）州西南一百四十里

馬鬃山同上（又）州西南四百八十里澌凛峒高千丈峻峭巉巖山脊如馬鬃陡岡不敢下視

黄蜂山古森上峝（採訪）在東興西北一百三十里亦曰王峰障其
山高聳綿亘遠近諸山多發脈於此
馬鬃嶺同上（又）一名馬頭山州南四百里距東興一百七十里其南
即越南國境之北市村
里火嶂同上（又）距東興一百五十里高一百餘仞周圍數里有隘
逾臨山即屬越南
分茅嶺同上明史地理志欽州西南有分茅嶺與安南分界（讀史
方輿紀要）州西南三百六十里乾隆府廳州縣圖志作三百里郝通志同（一統志）馬
援征交阯立銅柱其下以表漢界嶺産茅草南北異向至今猶

然廣東圖說西界越南國

酒架嶺同上 採訪州西四百里板棒村隔江高三百丈有奇

金頂嶺同上 又州西四百里高三百丈有奇發脈廣西上思州

雞籠山同上 又州西四百二十里高五百丈有奇巉巖峭壁有隘可通廣西思陵州

薯莨山同上 又州西四百四十餘里高四百丈中有泉水下流注於板棒滿上產砂仁薯莨香蕈木耳有路可通廣西思陵

利羅嶺同上 又州西四百五十里利羅村高五百餘丈左畔有泉水一道下流入於古森河

利羅隘同上又州西利羅嶺

稔碑嶺同上又州西四百六十里高五百丈板㵒江出焉

稔碑隘同上又州西五百餘里高五百餘丈路通廣西上思州

叫爺嶺同上又州西四百六十里峰巒叠聳高數百仞脈自廣西

上思州

北汪嶺同上又州西四里八十里高三百丈那敢水出此西流注於

板㵒江

平馱嶺同上又州西四百八十里板㵒村高二百丈有奇

平暫嶺同上又州西四百八十里板㵒村其高遜於平馱

潭洌嶺同上 欽州西四百二十里高約四百丈

那頼嶺同上 欽州西四百六十里那頼村

大小坑嶺同上 欽州西五百里俱高四百丈有泉水是為那頼江
之上源

馬雙嶺同上 欽州西五百里高四百丈有奇東興往峒中大路經
此

也送嶺同上 欽州西四百五十里高三百丈有奇

溪勤峒同上 欽州西北四百八十里高三百餘丈

考邦峒同上 欽州西四百八十里高二百丈有奇

高馬嶺同上又在州西六百里坤即村後高六百丈
老虎嶺同上又在州西六百里北岡村石骨斑駁形如虎踞
懷旦嶺同上又州西六百里懷旦村高三百丈嶺背有北巖隘乃廣西上思州地方西匯出刲峒中多經由此
岜來嶺同上又州西六百里高三百丈有奇嶺頂有泉其水四時不涸
鈎奔嶺同上又州西六百里高二百丈有奇
鈎横嶺同上又州西南六百里高二百丈有奇
馬鞍嶺同上又州西四百六十里高三百丈有奇里火赴馬雙丈

二路均經此

魂篤嶺同上𨑨州西南四百八十里高約四百丈有奇

堆抛嶺同上𨑨州西四百六十里高三百丈有奇

六市嶺同上𨑨州西四百里高四百丈有奇

里麻嶺同上𨑨州西南四百三十餘里距東興一百三十里五峰相連蒼翠欲滴高三百餘丈上有石鼓擊之聲聞數里

板心高嶺同上𨑨州西四百里高二百餘丈

銅鼓嶺同上𨑨州西四百里高三百丈上有石笋擊之能作銅鼓聲

12

利黎隘同上　又州西五百里危崖峻壁中通一線咸豐甲寅年西
匪鍾鳳祥被擒於此
大石嶺古森下峝　又在北崙汎西四五里發脈雞籠隘高約三十
餘丈周圍四五十里古時萑苻多出没於此有泉水南注古森
河
五指山同上　又州城西三百六十里其高百仞周約二百里山有
五峯其形似掌故名
牛王嶺同上　又與大石山昆連高亦相等孤峰峭拔形似美女妖嬈
米榮嶺同上　又在平藹村高十餘丈周約五里

牛分嶺同上又白雞村高十餘丈延袤約二十里乃古森貼浪二峝交界處

隘火頂同上又縣西一百六十里五指嶺南白雞北崙二隘之間山峯險峻勢與天接

大山嶺同上又在恒律村其高與牛分嶺同周五里

銅鼓嶺同上又在那畔村旁高三十餘丈距州三百六十六里上有異名每每自作銅鼓聲

北崙隘同上又在古森峒水尾村後距東興一百四十里路通廣西平福墟及澌凜峒山峰險峻徑不容騎蜿蜒起伏其脈直至

峝中板典而止

白雞隘 同上 〔又〕縣西一百五十里隘火頂東即府志之剥雞隘也

〔府志〕州西南 字衍 三百一十里離亭亮隘三十里古森峒所管路通廣西上思州巉巖良村怪石嶙峋草木延蔓白晝不見天日自隘至頂約二十里

分水隘 同上 〔採訪〕在白雞村為扶隆北崙往來之要道當即府志之亭亮隘也〔府志〕亭亮隘州西南三百里距洩珂隘三十五里古森峝所管離三不要地二十里自隘至頂約六十里

平寨隘 同上 〔又〕州西南三百三十五里離枯燈隘三十里古森峒

所管路通廣西上思州汪門村接連三不要地自隘至頂約六十里

高登山 同上 又 舊志作枯燈山今名利栲隘在州西南四百八十里謹案廣東圖說作城西二百里古森嵓（廣東圖說）西界廣西上思州州志脈發自交趾黃蜂山高十丈圍數百里東南界交趾之那巴村

枯燈隘 同上（府志）又名高登隘州西南四百八十里離剥雞隘四十餘里古森峒 同 所管山多石穴越隘者必裹糧信宿石穴而後過路通廣西上思州那洗村石壁巉巖路徑崎嶇自隘至頂約百里接安南國之那巴村為夷人出沒之地

埇短嶺 羅浮嵓 同 採訪 州西三百六十里埇短村居民墾其下以為

田毎歲布穀種一百餘斗

緑林嶺同上又不甚高聳横亘渌林紫荆山黎老要諸村中其南即屬越南獅子嶺

松柏嶺同上又在松柏村後平原坡陀林木甚茂嶺下有松柏汎及嘉慶年間奉憲示禁捉派民夫碑

松柏隘同上府志州西南三百七十里屬羅浮峝昔多松柏過隘即安南江平自隘至頂約二十里

楠木嶺同上採訪下曰南木山高十餘丈有楠木故名

埇梯嶺同上又山勢崔巍高可百丈下有埇梯村

那踏嶺同上又州西三百六十餘里約高三百餘仞

茅坡嶺同上又州西三百六十里茅坡村高約二百餘仞界接河洲

里卜嶺同上又距州三百六十里里卜村高千餘仞上多松柏

弔應嶺同上又距州三百六十里高近千仞其形尖峭

天八嶺同上又州西三百六十里天八村界接澌凛峒峯巒尖秀草樹蓊翳

天頂嶺同上見思勒嶺亙又州西三百六十里山勢嵸嶐常有雲氣覆罩其上故名下有村乃羅浮澌凛二峒分界處

牛扼嶺同上又州西三百六十里距東興四十里一名九曲嶺高二百餘丈其西為思勒峝屬東興往那梭大路直出其上征夫過此必具食而後行焉

望坑嶺同上又距州西三百六十里高三百餘仞有望坑村

北他嶺同上又距州西三百六十里高約四百餘仞草木茂密無他土産

羅浮山同上府志在州西南三百七十里羅浮峝東興守備署左謹案誤東興守備署在高約百丈山下有溪可通舟楫河洲不在羅浮也

殿六隘距浪峝廣東圖說州城西一百八十里謹按府志誤作西南三百六十里

〔府志〕貼浪嵩所管孤僻巉巖阿人跡罕到自隘至頂約二十里〔廣東圖說〕有扶隆汛北崙汛謹案二汛相距尚遠廣東圖說誤。西界廣西上思州

百里山同上〔府志〕州西南謹案南字衍百七十里高與那黄山等山有隘通〕金疆坡茶東麓即百里村〔採訪〕發脈大堂嶺

百里隘同上〔府志〕距金疆隘十餘里

吉龍嶺同上〔採訪〕州西南百八十里層巒疊嶂高出雲表發脈太平山。

太平山同上府志〕州西南謹案南字衍百六十里貼浪都高約五百丈綿亘百里西屬廣西上思州山崇谷邃盜多藏焉山上有田數

十畝人無敢耕者〔採訪〕發脈十萬山

望海嶂同上廣東圖説州城西一百五十里西(謹按當作東)為金疆隘〔府志〕州西南(謹案字衍)百八十里貼浪都高近千丈陟其巔可以觀海發脈三臺山金疆隘居其左畔〔又〕又名望海峰在那桜汎八十里

金疆隘同上(謹按訪册誤作即東囊隘)廣東圖説州城西(謹按府志州志俱誤作西南)一百五十里(謹案府志作一百八十里州志同)地最險阻西界廣西上思州〔府志〕距平山隘二十里〔採訪〕叫仙隘二十餘里那黄隘三十里百里隘十餘里為大菉墟往來之要路〔府志〕自隘至頂約二十里

叫爺隘同上（又）州西南三百里貼浪峝地方離那勤隘十里路通粤西上思州淰板村密箐深林巖谷幽邃虎嘯豹嚎森然可畏自隘至頂約三十里

大勤山同上府志州西南二百八十里高約六七百丈峯巒錯落巨石層崚上有險隘山子墾種於此（採訪）一名三踏嶂

大勤隘同上採訪那勤西南三十里亦曰大歷隘（府志）州西南三百八十里木石叢疊不見天日上下三十里那梭過那勤小峰村必由之路（採訪）相近者有窄欖架馬二隘

那圍山同上府志州西南謹案字衍二百里貼浪都發脉望海嶂

那米山同上又州西南謹案南字衍一百七十里發脉那圍山

馬鞍嶺同上又州西南謹案南字衍百六十里發脉那米山

弄㳌山同上又在貼浪峝距州百六十里通十萬大山

蕾周山同上又州西南謹案南字衍百六十里貼浪峝周廣約六十里

平山隘同上又州西南謹案南字衍一百五十里屬貼浪峒地方與大菉墟相近離木墨隘三十五里路通廣西上思州吞細村陡壁巉岩中通一線自隘至頂約二十餘里

吁懷隘同上又州西南謹案南字衍二百一十里接連平山隘貼浪峒

所管路通廣西上思州舍交村鳥道羊腸險阻之極自隘至頂約三十里

那勤隘同上（又）州西南三百里貼浪峝地方離洩珂隘六十里路通廣西上思州汪門村巖石險阻峻谷深潭自隘至頂約三十餘里

雙薦峰同上（採訪）州西二百餘里波茶村西北峭壁雙立高出雲表為州治西方之貴徵與太平山毘連

翁官山同上（府志）州西南謹案南字衍二百五十里大菉村旁高約百文山有泉村民引以灌田（採訪）發脈百里山

那飄山同上（府志）州西南三百謹按州志作二百六十里高近千丈如昔巡檢舊署在其麓基址猶存發脉大勒山、

探天山同上（又）俗呼吞天山在州西南二百八十里如昔都那梭墟東二十里高約百丈山有隘隘外即夷地

探天隘同上（又）州西南二百八十里峻險異常隘外即夷界自隘至頂約二十餘里

那象山同上（又）在如昔都距州西南二百六十里周約四十里（州志）發脉那飄山

米龍嶂同上（廣東圖說）州城西南二百里南為黃竹隘

那梭隘（同上府州志）舊志作那蘇隘（府志）州西南二百六十里（天下郡國利病書）如昔都接交夷界如昔峝長黃鳳陽居於此（府志）明宣德中交阯置金勒千户於此兒子砲臺基址尚存

那東隘（同上府志）通志作那隆隘（天下郡國利病書）在那蘇東相去十餘里隘外即交阯大海（謹案誤）有小徑奸民通夷由此路

芎下隘（同上府志）在金頂隘西南十里

打客隘（同上又）在芎下隘西南八里

蒙屋隘（同上又）在打客隘西南一十里距州西南二百六十里

低隘（同上又）在蒙屋隘西南七里

粮草隘 同上（又）毘連低隘（採訪）距滑石墟三十五里

新隘

閘門隘 同上（府志）相距十里均在州西南二百七十里那梭那肖同

間（按圖）疑即今之窄欖架馬二隘也

牡丹嶺 同上（採訪）那梭西北發脈三踏嶂高逾千仞中有蜚泉長

數十丈直至山足頂上有荒田數十畝久無人耕

莘繒山 同上（廣東圖說）州城西一百三十里

莘繒隘 同上 府志州西南二百里如昔貼浪二肖交界

教良山 同上 府志州西南謹案南字衍二百六十里高約四百丈山有

隘通大菉那勤二墟山腰有泉其下有大溪（州志）源自稔穨那勉諸山麓可通舟筏（謹案原作大誤今改正）

教良隘（同上）（府志）州西南（謹按南字衍）一百九十里路通那勤大菉極其險峻自隘至頂十餘里道光七年里人朱壽麟倡捐開闢遂稱坦道（採訪）西北距那勤二十里

火焰山（同上）（採訪）那勤墟東北（廣東圖說）州城西二百里山石磷峋最為險峻（府志）與白石牙山毘連跨古森漸凜貼浪三峒（謹案誤）高均千丈竦鎮邊界山石磷峋參差如排牙如火焰山有石穴有瀑布流泉畔生龍鬚草山背西北屬上思州南屬太平府

謹案誤有隘相通險峻異常距州四百餘里謹按誤（採訪）上產名茶飲之能愈瘰疾

萊蓬山同上廣東圖說州城西一百八十里西界廣西上思州（採訪）防城江出焉

廣崑嶺同上（採訪）在貼浪嵿上有二石擊之聲似鐘鼓

上梯嶺同上又在扶隆墟西其高千仞陟其巔可望大海嶺頂有池一泓四時不竭

白石牙山同上又那勤墟東北高四千丈西北有隘可通廣西上思州橋當墟那闌地方

稔櫝山同上〔府志〕州西南三百八十里貼浪峝高約四百丈山畔有塘廣約三畝生龍鬚草村民采以織席甚佳山腰流泉可資灌溉

稔均隘同上〔府志〕即稔櫝隘在那勤距州三百餘里〔天下郡國利病書〕在那蘇南相去七里隘外即交阯大海謹案誤

那忠嶺同上〔採訪〕在貼浪都那忠村山頂石面有仙人足跡

珂淺山同上〔府志〕州西南謹案南字衍三百八十里貼浪峝高近千丈石峯峻峭發脉高登山

珂淺隘同上謹案原誤倒作淺珂隘今改正〔又〕州西南二百二十里貼浪峝地方

離叫懷隘五十五里路通廣西上思州舍交村樹木叢密山路
陡峻自隘脚至頂約三十餘里
十萬山如昔上練按圖縣北九十里〔採訪〕在那天墟西六十里大
直墟西五十里〔府志〕欽州西南（謹案當從一統志作西北）一百六十里（謹案一統志誤作二百里）
貼浪都〔一統志〕與上思州接界脉自上思州擺羊嶺來西
抵思陵起伏蜿蜒有四百餘峯那浪江出其下〔廣東圖說〕高岫
奇嶂隱天蔽日〔阮通志〕延袤四百餘里〔府志〕南奔安南起黄蜂
山復入州界起高登山北上宣化界崀尖嶺迤邐東行起茶山
分枝闢脉一奔靈山逾鬱林一發霧盖天堂諸山趨州城其山

接連王光包裹三不要地西北屬廣西上思州險隘最多詳邊

隘者有八（採訪）其南為吉龍嶂

巴來嶺同上（採訪）那添墟東三十五里

天擊嶺同上（又）在那添墟東五十里嶺北係長墩司屬（一統志）社

龍山在欽州城西北四十里謹案府志州志俱作州西六十里州境之山惟此

為高亦名天擊山山巔石大如卵相傳皆雷所擊故名（府志）發

脉瀑布嶺謹案屬欽州長墩司高四百餘丈（州志）州鄉賢馮敏昌以形似

海螺故又名海螺峯

天馬山同上（採訪）一名馬岡嶺在那添墟東二十五里大直墟

四十里多奇石（府志）天馬山州西一百里高二百餘丈脈自

龍嶺謹案當作龍王嶺

龍王山同上採訪在那添墟東北十五里大直墟北四十五里陜

其巔可以望海（廣東圖説）欽州城西北一百一十里（府志）州西

百里高數百丈脈發上思州那疊山

高黎山同上（府志）州西南謹案南字衍一百四十里（州志）發脉十萬大

山

稔測嶺同上（廣東圖説）欽州城西一百四十里謹案府志州志俱作一百五十里

有稔測汎

鹿豹嶺同上（又）州城西北一百三十里謹案府志州志俱誤作州西南百五十里（府志）高約五十丈發脉王光山距廣西上思州那美墟七十里乃東西省交界峯巒錯出林茂澤深離汎窎遠為盜賊出沒之地（採訪）在那㴩墟北十五里大直墟西北五十里有隘路通廣西自隘至頂約五六里

那畧山同上（府志）州西南謹案南字衍一百四十里

碧霞嶺同上（採訪）在那㴩墟南七里約高一百餘丈每當春夏之交嘗有烟霞吐其上故名

牛肚嶺同上（又）在大直西北三十里即碧霞嶺東出之支脉也

有屯才隘路去那湪

鹿偎嶺同上（又）在那天墟東南十五里約高百餘丈嶺有隘南北相距一十餘里

吽奇隘同上又在稔測汛之北鹿豹隘之西

三台山同上（按圖）在大直墟西北六十里今曰三波嶺脉發十萬大山（廣東圖說）州城西南謹案南字衍一百七十里（府志）高等太平山三峯排列陜其巔郡城歷歷在目（廣東圖說）山畔有潭深不可測有釣魚臺有石室丹灶相傳有仙人煉丹於此

那湪嶺同上（採訪）如昔司西北三十五里那湪墟後高約一百餘

丈嶺半平坦可闢以為山田下有井其水清洌異常發脉鹿豹隘

猫王嶺（同上）府志州西八十里高約三百丈發脉龍王嶺採訪大直墟東北一名料苗嶺（謹按採訪作發脉天擊嶺）山頂有井其深數十餘尋

山中隘（如昔中練）採訪原曰山豬隘在大直墟東南三十里發脉銀東嶺高一百丈路通縣城府志州西南（謹案南字衍）二百二十里

如昔司屬滑石墟東北

十萬塘山（同上）採訪大直墟南四十五里高三百餘丈延袤三十餘里脉自十萬山

華容山同上　㐅大直墟南三十五里發脉八角山
界牌山同上　㐅大直墟西四十里高聳一方爲如昔中綀之龍祖
　發脉吽仙隘
雲車山　同上　府志州西北百十里採訪古名那葛山在大直墟西
四十五里那葛村西即王光山支脉之旁出者也相傳昔有仙
人乘木車飛騰上下於此故名
那隆嶺　同上　㐅大直墟西北二十三里脉自王光山其北爲如昔
　上綀之所屬
銅鑼隘同上　㐅大直西南三十里有石圓困其聲如鑼路通時羅

平旺墟

王光山同上（又）縣北八十里大直墟西四十五里（郡通志）欽州西北謹按府志州志俱誤作西南一百七十里謹案府志州志作一百五十里廣東圖說作一百四十里高百餘丈謹案府志州志俱作高數百丈（廣東圖說）山勢峆嵬峻極綿亘數十里西為十萬大山（府志）隘口有六惟吽奇原注舊志作弔葵隘隘最險山西北通廣西上思州那洗等村龍門營有汛在此（採訪）脈發十萬山

弔葵隘同上（府志）一名吽仙隘又名吽生隘欽州西一百一十里中練地方接連粵西上思州謹案誤當作路通上思州自隘至頂約十八里

隘之東南北皆欽州地西屬粤西謹按誤路極峻險易藏奸宄嘉慶戊寅冬前守何天衢行部過此里人朱緜壽貢生朱輝文等聯禀捐貲於隘右另闢孔道自是牽車服賈者履道坦坦而攘奪之事無聞焉（採訪）昆連吉隆東距大直墟五十里路通大菉

黄水隘同上府志州西一百三十五里接連王光大山自隘至頂約二十里界接長墩司謹案府志又載有黄水隘在如昔都距吽仙隘三十里接連王光山當即是一地而重出者

壘樓嶺同上（採訪）在天大直墟西北十里那漆墟南二十五里（州志）州西一百二十里高三百丈謹案今訪冊作八十丈有奇脈發王光山

謹案訪冊當作界牌山大直墟去那添路經其麓

埇文山同上（廣東圖說）欽州城西北一百里西謹按當作北為龍王山

派暮嶺同上（採訪）一名鶯哥嶺縣北八十七里大直墟東十八里（府志）州西南謹按南字衍八十里發脈西了嶺欽營有汛在此（採訪）高百餘丈

崬囊嶺同上（採訪）大直墟東二十五里（廣東圖說）欽州城西北謹案府志州志俱誤作西南六十里謹按一統志作州西五十里州志山川脈絡又作七十里（府志）一名西了嶺高百餘丈（州志）嶺有大石平坦中有窩如瓦盆大注清水冬夏不竭窩旁有大人足跡下有欽營汛（採訪）發

脈天擎山亦名雲鬟嶺頂上二石遠望如髻其陽為如昔下練地方

崬囊隘同上〔採訪〕今曰夾馬隘在大直墟東三十里即一統志之天板關也接連如昔下練地方〔府志〕州西南謹按南字衍九十里下練地方自隘至頂約五六里孤峯陡聳上下維艱距那特隘十五里

天搭山同上〔採訪〕大直墟南十五里脈自界牌山〔府志〕州西南謹案南字衍百三十里如昔都高約二十丈山頂有石如相搭狀風吹似動而終不傾〔採訪〕上有石室祀天后神

八角山同上（採訪）大直墟西南四十五里（府志）州西南（謹案南字衍）百三十里高百丈有奇為一方龍祖（採訪）古時設有八角營今廢

發脉吽仙隘

石船嶺同上（採訪）大直墟南十里（府志）州西南（謹案南字衍）一百里高五十丈嶺巔有石如船（採訪）脈發界牌山（謹案州志誤作脉自八角山）

獅子頭嶺同上（採訪）在大直墟東南二十里其南為長墩司如昔下練所屬一名獅子山（廣東圖説）欽州城西七十里（謹案府志州志俱誤作州西南九十里）（府志）高約百丈（採訪）脉發石船嶺（謹按府志州志俱誤作脈發八角山）

菉芋山同上（採訪）菉芋今轉曰蕾野在大直墟北二十五里（府志）

21

州西南謹按南字衍一百五十里（採訪）高約三百餘丈發脉那練山

銀崬嶺同上採訪大直墟南三十里其南為長墩司如昔下練所

屬（廣東圖說）州城西謹案府志州志俱誤作西南一百二十里謹案府志作一百十里州志山川脉絡又作一百里有萬字巗西為等繒山謹案（府志）誤又名上人嶺高

三百丈有奇畔有石穴名萬字巗發脉沉香山謹案採訪誤作發脉崬寶山

那黄嶺同上採訪名黄坡嶺亦曰黄振嶺（廣東輿圖）在州西北

一百五十里謹案府志作一百六十里（府志）州志山川脉絡又作九十里永樂謹案原誤作寍今改正鄉自龍王廟謹案當自八角山發脉發脉土色多黄（又）高百丈有奇旁有隘通百里村

又有土滘深廣丈餘毗連墨抹山

天堂嶺同上（採訪）州西南百六十里望海嶂之脉由金疆隘北過嵓平村起天堂嶺

沉香山同上（採訪）大直墟南四十里山半有田六七十畝村民耕之（廣東圖說）州城西一百二十里謹按府志州志俱誤作州西南一百五十里（府志）如昔都高約三百丈發脉十萬大山謹按據訪册當作墨抹山（州志）為西南一方祖龍（採訪）中產沉香一名泊竹塘（廣東圖說）南為銀崬嶺

那黄隘同上（採訪）一名高谷隘在大直墟西南四十五里（府志）在州西南謹按南字衍一百五十里如昔嵓

木墨隘同上謹按木墨當即墨抹之譌（府志）州西南謹案南字衍一百三十五里謹案

28

州志作一百三十里中練地方層崖峭壁樹木陰翳自隘至頂約二十餘里山溪險阻水土極惡

東竇嶺同上採訪大直墟南二十五里府志州西南謹按南字衍百三十里如昔都高約三百丈石峯聳峭如筆亦一方奇特秀峰也

發脉墨抹山謹案採訪作況香山

埇望嶺同上府志在如昔嵓距州西南二百八十里原注舊志作二百六十里

高等大勒山有東淋隘鄉民設卡於此以防寇盜

東淋隘同上又在大勒隘東南二十里亦險隘也上下均三十里

灘霞山同上採訪一名雙層嶺在大直墟西三十里下有灘霞村

（府志）在如昔峒距州西南二百六十里與貼浪嵓毘連周廣約四十里

炮臺嶺同上（又）州西南二百七十里如昔嵓高約三十丈明時鬼子建砲臺於此

水尾山同上（又）在如昔嵓距州西南二百六十里

較霞山時羅嵓（府志）州西北百四十里

呌札隘同上 謹按呌札疑即較霞之譌故附之於此（採訪）州西南百五十里高二百丈發脉那黄隘山峯險峻路徑崎嶇南距呌雞隘○里

招遠山同上（府志）州西南六十里謹案廣東輿圖作一百廿里時羅都山下有

石灘〔廣東輿圖〕舊名灘零山明御史朱鑑陟其巔招降叛民黄金廣因改今名

四枝山同上廣東圖說州城西南一百九十里〔府志〕時羅峝高約五百丈周廣約五十里綿亘通安南界有猺人墾山於此〔廣東圖說〕南濱大海

墨抹山同上採訪大直墟南四十里發脉八角山謹按府志州志俱誤作發脈亞王山〔府志〕州西南謹按南字衍一百五十里謹按一統志誤作一百里時羅峝採訪中練交界處高約四百丈謹案一統志作高百餘丈有奇〔一統志〕四時雲氣濛草如墨輿地紀勝安遠縣西八十里有青雲山疑即此

㖆鴉隘同上（採訪）州西南百六十里高百丈發脉㖆札隘過隘十里即為平旺墟以上如昔

觀音山江平（採訪）州西南二百里距江平二十里下生吊鐘花

銀坑山同上（又）在江平司東二十里班岩村

黄竹隘同上（又）在江平東北四十里距滑石墟三十五里（府志）州西南二百八十里廣東圖説作二百里思勤汎南五十里濱臨大海過隘為安南界自隘至頂約二十里（廣東圖説）南為火帽嶺

銅皮山同上（採訪）司西北七十里棋盤山南有下銅皮村

火帽山同上（又）今曰風門隘在江平司東北二十五里（廣東圖説）

州城西南二百里南濱大海
埇貢嶺思勒崗廣東圖説州城西南二百一十里謹按府志州志俱作三百里延
綿二十餘里地最險隘府志埇貢隘思勒崗所管峻嶺崇山過
隘即安南界自隘至頂約十餘里
稔稳隘同上採訪在思勒崗路通那梭高百餘丈周圍約三四里
北滙山同上府志與冲貢觀音二山毘連在州西南二百八十里
如昔思勒二崗間高均逾百丈發脈探天嶺謹案據採訪當當作營盤嶺
白歷隘同上又距蚺蛇隘十里逾隘即安南界
九曲嶺同上又在州西南三百里思勒崗採訪河洪江東嶺有九

峯皆高百丈上產茶樹其味異常發脉羅幛山

棋盤山 同上 （採訪）在崗西南距江平司二十五里（府志）州西南三百二十里思勒崗州判署右高逾百丈西南屬安南山多木石中有石棋盤棋子樵人往往見之然有心往覓輒不復見亦奇跡也（採訪）山腹有洞內敞而外狹名曰仙人井其下即安良團之思勒村脉自茅嶺發來

那欽隘 同上 （採訪）在總稔嶺西北極其險阻為江平扶隆往來之要衝發脈東山嶺

羊牯隘 同上 （府志）在探天猺隘西南十里（採訪）約高五十丈尖秀

如削發脈那飄山
埇勒隘同上採訪在埇勒村東南今曰羅幛嶺高約四十仞嶺多竹樹其頂寬平發脈羊牯嶺府志在羊牯隘西南八里
蚺蛇隘同上府志州西南三百里如昔思勒二峒間隘外即夷界
風流嶺同上採訪在砲臺嶺西約高四十仞
中雨嶺同上又在黄泌水北嶺有雙峰極其尖秀約高八十仞有奇發脈稔穏嶺
埇如嶺同上又中雨嶺之脉至那廖村穿田而過起埇如嶺形勢高聳盤踞數十里餘大王筆架諸山皆其支脉

大王嶺同上又在大王山東五里高約五十仞頂上有大王廟一
座故名
掃管嶺同上又埇如嶺東南高十餘丈
雙拱嶺同上又在華架嶺之北掃管嶺之東其形正圓東興電綫
直經其上
筆架嶺同上又居峒之中脉發雙拱嶺南約高百餘仞三峰排列
巨石磷峋上有白蟹池相傳昔時嘗有白蟹一雙游泳於此那基
村及左右二江皆在其下
利康嶺同上又峒北山多巨石頂平若臺約高八十餘丈發脉三

32

崗嶺其南峯之最秀者名天獨峰

馬鹿嶺同上又利康嶺南

弔佛嶺同上又在峒西北約高六十丈西與利康嶺相連

那基嶺同上又在筆架嶺東其脉南歷甸河伏波廟而南起橫隘

之屏風山焉

壯丹嶺同上又（疑即貼浪崗之壯丹嶺重出）又弔佛嶺東三里黄沙水西高六十

餘仞

門樓嶺同上又在利康嶺西弔佛嶺南高約四十仞

鑊蓋嶺同上又崗西界接澌凜崗（謹按恐誤）與東山相連上有平田寬

廣數十畝泉水環之山民之耕牧其間者約數十户

天頂嶂同上謹案互見羅浮崗又在東山之西高八十仞其東為大橋嶂乃羅浮崗交界處

界牌嶺同上又天頂嶺南其高八十仞與羅浮三崗嶺相連

埇思嶺同上又高六十仞勢如游龍

三層嶺同上又峒西約高六十仞其形上方下圓發脉天頂嶺

牛扼嶺同上又見前羅浮峒

茅嶺同上又在埇吉村南發脉西黎嶺約高六十仞巔平若砥

王淡嶺同上又崗南脉自三層嶺約高六十仞其形正方嶺南即

33

係羅浮峒界

西黎嶺同上又脉自三層嶺東距州西三百里高六十餘仞形類覆鐘

大幛嶺同上又在西黎嶺南十里不送村約高六七十仞五峯環列蒼翠欲滴東興電綫直經其上

大小尖嶺同上又在茅嶺北河洪江之西與九曲嶺隔江相對峙約高四十餘仞為横隘埇吉那基諸村之水口

白石嶺同上又埇吉村西北嶺上之石白如堊粉故名蓋西黎嶺支脉之東南出者也

稔稳嶺同上又在那梭墟西南高近千丈盤踞數十里山頂有石其水出自石罅下為瀑布百丈村民引以溉田其西南屬思勒峒發脉那欽隘距東興九十里

玉皇嶺同上又峒東高約六十仞上有巨石如髻陡不可登脉發

羅幃嶺

營盤嶺同上又峒南其高三十餘丈發脉玉皇嶺與銅皮山相對前有莘軍紮營於此故名以上江平

34

海〔水道提綱〕海自欽州西南之龍門營為欽江口東南有洲曰白鱗尾又西有水口二〔又〕自龍門營西南有防城營河口又西有貼浪江口至白龍尾海中有洲三曰三口浪曰漁洲坪曰釣魚臺又西為安南江口其西為安南國界〔廣東圖說〕海岸自欽江口又屈西過魚洪江口謹案當作鳳凰江口又屈西南過極貴灘又西南過三口浪汎又屈西北過鯉魚江口又屈西南過火帽山嶺又西南過潭洪港又西南過土目寨又西南過竹山埠水口又西南過羅浮峒汎又西南過東興街又西南過小水口又西南過白雞汎水口又西南與越南國東南海岸分界

鳳凰江

〔按圖〕當即府志州志之埇飄江也而府志州志於大直那狼埇飄閘元諸水合流之後始謂之鳳凰江似誤〔水道提綱〕

鳳凰江出州西百八十里〔廣東輿圖〕鳳凰江在州西南三十里源出墨抹山誤黄振嶺謹案府志州志埇飄江在州西南百里源出那黄山東南流經王光營南如昔崙北又東南流曰那鑿河謹案此下入欽州境有一水謹案此水即大直江北自長墩司南合左右二溪東南江流來會〔府志〕東達那灣合那狼江又東南有大寺江自北來會又東南曰鳳凰江謹按府志州志鳳凰江在州西南五十里上有鳳凰洲故名而漁洪江自東北來會又南曰南港有巨洲謹案廣東輿說此巨洲即鳳凰洲一名長墩此以下江之東岸屬欽州江之西岸為防城縣地〔廣東圖說〕又東南流經青草坪埇崙江自西南來注之又東南經青鳩墪茅嶺村自西南來

注之又南而欽江自東來會入海

安南江〔按圖〕亦名貼浪江今曰那梭江〔即廉州府志欽州志之河洪河也〔廣東輿圖〕在州西二百四十里〔水道提綱〕出州西極界山〔廣東輿圖〕源自十萬山○謹案廣東圖說及府州志俱誤作源出那飄大山東流數十里參廣東輿圖說府志採訪〕經崬淋山那梭那馬龍灣那欽砲台河口灘笠那基甸河殿龍諸村至橫隘與大橋水合至思勒崗〔廣東圖說〕潭鱗溪自西北來注之南折東南流又東南數十里入南海〔廣東輿圖〕抵安南江平村入海〔廣東圖說〕河洪江東南流為潭洪港入海〔按圖〕其入海之處名潭洪港亦曰

貼浪港〔一統志〕貼浪港在州西南二百四十里接交阯界。

麗江〔水道提綱〕安南江出州西極界山隔山而北即麗江東南

源（又）水出廣東欽州西境羅浮峒之南謹案誤當作貼浪嶺之西西流北七十里經漸凜峒西西岸即廣西板蒙隘也謹案今曰板蒙村屬本縣古森上嶺折東北流謹案當作折西北流八十里至古森嶺西（採訪）入廣西上思州界

涌淪江（一統志）一名西江在州西五十里郝通志作六十里府州志作一百二十里謹案當從府州志源出涌淪𠘧村三波山謹案此三字據廉州府志補（府志）東流至鬬氷坳謹案州志作舊營盤（廣東輿圖）合漁洪鳳凰二江注於海

防城江（一統志）在州西南一百五十里（廣東圖說）源出州西菉蓬山（府志）防城江源有三自那勤大山下經大菉那嶺三囊達滑石一自那碧山經滾水江至滑石會出防城鯉魚江。謹案那碧山今譌為那來謝在滑石墟西二十里東南流經如昔中練謹案誤那勤水自西南（謹案當作東南）來注之屈東流經白鶴嶺滑石江自西南來注之又屈東南流經防城汎青水江自西南來注之又東南流爲鯉魚江又東南流有洲曰插尾又東南流有洲曰白沙灣又東南流入海（謹案廣東輿圖誤作又名那郎江）

那狼江

〔採訪〕今曰那莨江即廣東圖說之開元江也〔府志〕在州西南百里外貼浪崗故又名貼浪江謹案源有二一自太平山出紅水河王將灣（謹案當作王品灣誤〔府志〕王品灣在州西如昔都那狼江上流）一自金疆隘出那九那廟至平旺合流〔廣東圖說〕經沉香山又屈東北流經如昔下練埇飄江自西北來注之（謹案此下源流多誤不具錄）〔府志〕達八角灣（謹按）

八角湾欽州長墩司如昔下練地又合大直江四入謹案入當作為鳳凰江

王光江（按圖）府志曰大直江（廣東圖說）源出州西北王光山（府志）在城西百里源出王光山北流麻王将灣又王將灣在州西如昔都王光汛旁深二十餘丈多石水色湛然合鹿豹那天諸江抵那庄轉南流經年平亮埇文下大直南流三十里達於八角灣會埇飄那狼二江東流十里合開元大蜆江同入鳳凰江

羅浮江 參輿地紀勝（廉州府志）在州西南三百六十里原注通志作四十里源出羅浮山西流達竹山入於海（採訪）犀牛潭在羅浮江三門灘下設有雲氣罩之次日必雨

那良江（府志）在州西南三百六十里源出大勉山經大清灣（又大清灣在州西南三百七十里那良江上流深二十丈有大石如龜昂首有妖魚作祟被雷擊於此）達那良墟（採訪）（合那旺那把那標諸水至北碟村南入古森河）會古森河由東興茳溪江入於海

古森河（又）在州西南四百里源出十萬大山（採訪）（源有二出黃蜂山一出馬雙隘）東南（謹按南字衍）流二百餘里（謹按當作一百餘里）東轉古森河洲二岗西（採訪）歷嘉隆大河飯河諸村至北碟江口與那良河會又東南流至冲朴村西有灘裡灘冬天水淺褰裳可涉其下曰酒鋪灘橫亘江心計濶五十餘丈江之對面即越南國境東南至於東興鏡清門外石頭灘分為二支以入海即府志所謂之三歧江也（府志）

4

三岐江在州西南四百里
東興茈街華夷分界之所
潭鱗河 府志又名潭洪在州西南三百四十里思勒崗北瀝江
坪華夷分界之所
大橋水 採訪源出思勒水尾山流經架連江尾竹圍那派墨懷
灘汪至亞公灘合安南江
王淡水 又源出思勒竹圍村經潭耕望樓角王淡松柏諸村入
海又名竹排山江
小白埇溝 又大直墟東五里源出蕾野嶺下流入於大直江
大白埇溝 又大直墟東十里

巴吒溝　又源出名公村在大直墟東八里

埇板溝　又大直墟東二十里源出米角村下流注於大直江

正角溝　又大直西北四十里那添墟其水日有消長與海潮時刻相應

温泉　又在古森上峝板邦村其水四時常熱

霹靂灘　又在河洲上峝狗尾瀨灘高水急舟行者畏之

大灣潭　又在河洲上峝大灣村其深不測

洗馬潭　又在東興迎春門外即江水之分流也東至竹山入於海潮緩風微商船多収泊於此

犀牛潭　又在河洲下崗哨樓嶺下其水深黑黯不見底

欽差井　又在東興文昌廟左其水泉極清雖大旱不竭光緒十一年　欽使鄧承修飲而甘之命工重加疏鑿故名

大井　又在河洲下崗横溝村清洌異常

右山水

採訪埇飄江有水車三十六架江之支流曲尼灣有水車九架又那梭江其水可通舟楫兼資灌溉沿江水車無慮数十餘架焉

又龍湖塘在那梭墟東其水四時不竭可灌田畝

又舟船溯防城江而上可直至貼浪崗之扶隆

又紅皮塘在滑石墟東其水來自瀑布泉
又界牌汎有支江二一通茶山坪一通赤沙伏波潭頭企沙海船
則可進至仙人橋牛頭嶺自此以上則水淺灘多只可用小灘船
撥載矣
又那狼江自恒庚村以下可通舟楫有水車三十一架
又王光江有水車三十六架
又古森水來自牛分嶺經北崙而下達東興可通小船
又北崙垻在北崙墟後
又自古森派蒙村起至那本村共有水車一十八架每架約灌田

田數十餘斗

又古森上崗河其源有二一出馬雙經文二至北崙凡沿江那蒙

那賴板弼板棒板蒙烈巴板心一帶田畝咸資灌溉自那弼以下

則漸可以行舟一由馬鞍里火山發源經里火大崗田稔市灘散

北舍六市江埧諸村而至嘉隆舟楫之利則至稔市村而止

右水利附

（府志）明初為鄉曰永樂曰遵化舊名時羅峒統都三曰時羅曰貼浪曰如昔宣德中棄安南如昔貼浪均叛附安南州志遂並時羅絶甲充數景泰天順中又分永樂為三圖嘉靖間莫酋以境土來歸而境土人民尚屬覊縻峒民每丁僅歲徵銀二錢五分

（採訪）光緒十三年界務勘定之後以新收之白龍尾等處歸防城縣典史管轄古森上峒歸東興縣丞管轄而原日東興州判所管之思勒峝則撥屬新設之江平巡檢司舊防城司巡檢所屬之時羅左峝即三娘灣地則割屬欽州直隸州吏目如昔司下練則撥屬欽州長墩司巡檢司許防城縣典史所屬峒一時羅東興縣丞所屬峒六

河洲下河洲工澌凜古森上下羅浮如昔巡檢所屬絙一永樂練二如昔上練并如昔中練并魚得時羅峒地

江平巡檢所屬峒一恩勤甲十八

〔廣東圖說〕時羅都即畤羅峝州城西南二百五十里內有小村五十三謹案此盖併時羅左峝數之今捕屬分為二十五團共統鄉村一百三十有一向設峝長一名

〔採訪〕海平團附郭東龍蟠團西仁和團南新平團北如昔司統村五謹案廣東圖說與府志所載汎地分管諸村其增廢統屬今皆大半不合故茲一以現在為斷其二書之所有者則於村名之下加圖有或志有二字以別識之

長山

尾疑即廣東圖說之橫山村

嶺坳

墒寨

大橋頭

煙墪脚有防城墟〔府志〕

時羅都防城江邊知州藍渠以切近交阯永安州羆之〔州志〕知州林希元招復康熙元年遷廢八年展界人稀未復二十三年設龍門協左營守備劉傳文駐防於此招復〔採訪〕有鋪户三百餘間每月一四七日集有禤氏祠

謹案宗祠附見於各墟村而不入諸

於祀典者
防其借也

又龍蟠團縣東十五里東埇崙團西海平團南一心團北如昔界西南新平團統村六 旱水田 那傍峒 黄牛田 那塓 帚把嶺 三官坑

又埇崙團縣東十五里東茅嶺團西龍蟠團南三坡團北如昔司統村十四 那萋萋今轉作挖 楓木墩二村圖有 埇槎圖志俱有 埇崙 牛頭窩 峽涇 茅坪 涼水橋 中間山 山口 大攬江 坡禾地 老陸埠 石欄

又茅嶺團縣東五十里東欽州長墩司西三坡團南白沙灣北暨西北俱埇崙團統村六 窜軍 利霞 鳳皇頭 大頭 小頭二村圖志俱有 茅嶺圖有

又白沙灣團縣東少南三十里東大海西三坡團南新旺團北茅嶺團[illegible]南山口團統村闕

又三坡團縣東南三十里東茅嶺西一心團南新旺團北埇崙團東南白沙灣團西南隆平團西北龍蟠團 統村十四 三坡 洋桃坪 是曹崬 沙田疑即廣東圖說之沙嘴 垃港 定臬 十字路 分水坳 油柑坪 竹圍 葛坪二村圖有 佛堂 華壇二村圖志俱有

又新旺團縣東南五十里東山口團西隆平團岐濟團南潭頭團北白沙灣團西南大海西北三坡團 統村二 光坡 洲尾

又潭頭團縣東南五十里東山心團西大海南伏波團北新旺團東南企沙團西南赤沙團東北山口團 統村闕

又伏波團縣東南七十里東企沙團西赤沙團南西淺團北潭頭團 統村二 三口浪 松逕二村圖志並有

又赤沙團縣東南七十里東伏波團西滘團西南俱大海北潭頭團統村闕

又山心團縣東南七十里東大海西企沙團南大海北潭頭團統村闕

又企沙團卽漁墉滘縣東南八十里東山心團西伏波團南大海西南西滘團統村闕　有企沙墟州志在城西南一百里外防城司屬探訪每月日集有舖戶數十餘間

又山口團縣東南八十里東大海西新旺團南潭頭團北白沙灣團統村闕

又西滘團縣東南八十里東企沙團西赤沙團南大海北伏波團統村無有洲墩墟舖戶數十餘間每月　日集海船多收泊於此

又水營團縣南五里東一心團西鯉仡團南鯉魚江團北新平團東南隆平團統村五　大塘圖有

牛阜　那謝　洛尾　高路

又一心團縣南十里東三坡團西及營團南隆平團北龍蟠團新平團統村六　大塘坪圖志並有
墟頭　水營　塘㵿　丹竹江　蟾蜍石二村在鯉化團內與團境不相毘連
又隆平團縣南十五里東三坡團西水營團南岐濟團北一心團東南新旺團西南鯉魚江團統村七　蠔
阿埇孔圖志并有　排探　紅頭垻　埇孔居　界牌背　三灘
又歧濟團原名啼雞縣南三十里東新旺團西防城江口南大海北隆平團統村八　凸坳
珠砂港　倒水坳　白雞公　西茶　揷排尾　漁洲坪　白沙
灣二村志有
又鯉魚江團縣西南十八里東隆平團西江平司南合和團北水營團西北鯉化團統村八　鯉魚
江　大基園　佛子垻　長欖　鰲㵿　大王江　埇半　老山

計

又合和團古名王城澳縣西南四十五里東防城江口西江平司南西蜆團北鯉魚江團統村十四 掃把坪 石鼓組 鍋蓋嶺 茶山 埇沙 埇沙口 沖塌 竻竹坪 大秧地 楠木樹 老山計與前同名 坳頂 石橋二村圖並有 磨刀水

又西蜆團縣西南七十里東西南三面俱海北界合和團統村十三 西蜆 拮茄 桃門樹 稔機 婆阿 委元 仙人樹 萬松 大竹嶺 澫謝 雙墩 雙滘 白龍尾

又新平團縣西三里東龍蟠團西鯉化團南一心團水營團北海平團仁和團統村十 沙阜圖有

蕉園　灘頭二村圖志並有　南門　古城　木頭灘　那八角　大渡有黃氏祠　三灘　老蘇塘

又鯉化團縣西十五里東水營團西如昔司南鯉魚江團北一心團東北新平團仁和團西北石嶺團　統村三

那了蒙　那柳象　黃竹塘

又仁和團縣西十五里東海平團西石嶺團南新平團鯉化團北如昔司西南一心團　統村八　上竹山　上那天花山　那天花　下那天花　流馬灘　李子田

石嶺圖志並有　那蒽志有

又石嶺團縣西二十五里東仁和團西如昔司南鯉化團北如昔司

廣東圖說河洲峒天下郡國利病書在如昔都了嶌村謹案今分上下二峒州城西南三百

六十里内有小村七向設峝長一名

〔採訪〕河洲下峝東興治平團縣西二百里東羅浮峝西南俱越南國北河洲上峝統村四

埇僕圖志俱有　牛路　永金圖志有　大塘坡　橫溝俱在東興街北

〔又〕河洲上峝團縣西二百里東羅浮峝西越南國南河洲下峝北貼浪峝西北澌凜峝統村二十

大峝圖志俱有　狗尾瀨　三閣水今日三隆　高浪　平倉疑即廣東圖說之紙廠

稔蔦以上五村圖並有　帚把　灘冷　江那　北透　敖吾　稔因

三峝嶺　水山

〔廣東圖說〕澌凜峝天下郡國利病書〕在貼浪都南澌凜村〔按圖東河洲上峝西古森上峝南越國北貼浪峝西北古森下峝州城西南三百八十里〔採訪〕縣西二百四十里内有小村九向設峒長

一名（採訪）今分三甲有那良墟（舖戶一百二十餘間每月二五八日集東興小扒灘船可至於此販
賣猪嵬者多廣西上思州鄉民有鄭氏黃氏
陳氏林氏祠府志州志俱誤作屬如昔司）
又那良峝甲統村八 那良 那飄（二村圖志俱有） 那鷄（有圖） 那峝
里接 大河 飲河 徑口
又大村甲統村十八 大村 賁田（有黃氏祠） 大勉（有沈氏祠） 那斌
那禄 淡計 那慝 那農 那旺 那菜 那樓（有嚴氏祠） 罵儂
（亦曰把來） 稔猛 里壘 大山 崩坎 扶街口（有圖） 那岡（有林氏祠）
又那把甲統村十一 那把 洌鳳（有梁氏祠） 沁江 那營 大王
山（五村圖並有） 夾浪 大畨坡（有黃氏祠） 北大 兆磔 那也 糖寮

〔廣東圖說〕古森峒〔天下郡國利病書〕州城西南四百里內有小村六向設峝長一名〔採訪〕今分上下二峒

〔採訪〕古森上峒一名八庄峒在縣西一百七十里東漸凛峒西廣西上思州南越南北廣西上思州東北古森下峝內分八團

〔又〕永安團原名北岩社統村十二　板心昔有墟今廢　里麻　那久　那板　那峝　北麻　敦敏　那黄　里卯　板貞西　那巴　那涯

〔又〕保安團原名孔蒙社統村九　板蒙　里浪　黄蜂　康力　平息　平減　哥龍　管烹　其埮

又綏安團原名綏來社統村十三　板棒　那敏　那巴　哥八　平
羅　田頭　那勞　稔碑　里呑　岸達　北棒　奇那　唐龍
上龍
又昇安團原名⿰山票山社統村八　板弼　那作　那敢　平暫　其勞
平馱　呼驢　近棗
又賴安團原名上賴社統村十　那賴　大坑　小坑　枯勞　枯光
枯柏　暮英　北馱　那瀨　江口
又蒙安團原名蒙山社統村五　那蒙　馬雙　郎寨　六批　捕
門

主堂 西灶 桶梯 埇欖 埇文有何氏祠 那踏有何氏祠 里下 弔

應 天八 牛扼 望坑 北他 埇短 那望 橋頭 三門

灘 把堂有天主堂 上里范 下里范 松柏東 紅石溝有天主教民

蘇屋 尖山 榕樹頭 高欄有天主堂

〔廣東圖說〕貼浪都即貼浪峝。〔天下郡國利病書〕在貼浪都思牙村。按〔圖〕東如昔司西古森上峝西思勒羅浮河洲澌凜四峝北廣西上思州州城西城南三百五十里〔採訪〕縣西北一百餘里內有小村八曰那啼曰長圻曰坡茶曰米匹曰吽良曰坪耀曰八十曰那米峒向設峝長一名〔採訪〕有大菜墟〔府志〕州西南二百里貼浪峝〔採訪〕舖戶百有餘家有唐氏祠。謹案府志又作屬如昔司 平旺墟〔謹案今名和平團〕〔府志〕州西南一百四十里貼浪峝 那梭墟〔府志〕如昔

廣東圖說所載之村庄分隸多不足據須再飭該管巡檢督率紳董細加考查詳報乃確

〔二圩不知所隸姑繫于此〕

諸圩以無訪册可稽故類叙于此

司屬距州西南二百四十里〔採訪〕鋪戶七八十間每月一四七日集

滑石墟〔府志〕如昔司屬距州西南一百八十里〔採訪〕鋪戶八九十家

那勤墟〔府志〕如昔司屬距州西南三百里〔採訪〕鋪戶百餘家有陳氏祠。謹案府志又作屬時羅都

扶隆墟謹案即府志州志之那前墟〔府志〕那前墟如昔司屬扶隆距州西南三百三十里〔採訪〕鋪戶八九十間

〔廣東圖說〕永樂都一圖謹案即如昔上練也圖說析第三圖之二十三村以當三練非州城西一百里按圖縣西北八十餘里東欽州長墩司西廣西上思州南中練北長墊司〔採訪〕統村十一那北圖志並有那冷　那練　那老崗　那利　那鴉崗　稔江　屯並以上七村圖並有天繫鋪有旅店為州城往廣西之通衢巴來　分界　廣東圖說有那天墟

〔廣東圖說〕永樂二圖謹案即如昔中練州城西二百里〔按圖〕縣西七十餘里東長墊司如昔下練

又鎮安團原名務溪社統村五　里火　雙路　呑板　大峝田　那博訪册誤將越界之北架䰟篤誓愿江墳四村列入今删

又和安團原名古弘社統村十六市　灘散　那郎　那馬　欄舊　那言　嘉隆昔有墟今廢　灘棍　渠那　敦隆訪册誤將越界之稔市里君六珍北市四村列入今删

又那泌團原名建延社統村二十一　丈二　潭岸　利官　婆門　浦都　那巴　板興　板典　那夾　懷旦　定想　呑岩　交光　那懷　平軍　峝泌　北岡　那泌　冷峝　嶺懷　坤敏

有那泌墟

〔又〕古森下峒在縣西二百餘里東貼浪峒西古森上峒南澌凜峝北廣西上思州統村十
北雞北亦作白圖志俱有　扤蒙　六馬　王平三村圖有　王閔　平菂．
恒律．平馬　板貞東．那本有北崙圩舖戶五十餘家每月一四七日集距州城二百八十
餘里

〔廣東圖說〕羅浮峝〔天下郡國利病書〕在如昔都羅浮村州城西南三百二十里〔採訪〕縣西一百餘里東江平思勒峝西河洲峝南越南國北貼浪峝東南大海內有小村六向設峝長一名〔採
訪〕今分五團共三十四村庄　羅浮團　那招團　松柏團　那
踏團　竹山團有竹山街　羅浮　松柏．茅坡三村圖志俱有　六林
南木山　頂天三村圖並有　那招　紫荊山　黎老坳　竹山有天

西廣西上思州南貼浪崗北如昔中練（採訪）統村七十 大白埇 埇飄 那改
巴粒 獅子 屯品 那北 屯象 派暮 桶板 王光營
那莊 那麽 米連以上諸村廣東圖說並有 埇文 那柯 烟整脚 小
白埇 下坡 石船 琴料 那周 屯鼎 屯岸 屯筆江疑即
廣東圖說之潭必 山中 鼎支 米隆 水坡 石合 灘營 灘架
垌晚 那利 佛子 那辦 那喊 朴子根 白田 那沙
天岩 天搭 菓竇 那眠菓 登朗 板蓬 那黄 那桃
崗 松柏 那爵 那浰即廣東圖說之那喇 那侶 屯浮 埇望 高
頭 天堂 里欖 大灣 那馬胎 福利 白甲 平亮江

賣粥江　板磨　峝平　那隆亭子　米粒　那厚里　那畔

那白有大直墟〔府志〕州西一百里永樂鄉〔採訪〕縣西北一百里有人户二百餘家　那狼墟〔府志〕如昔司屬距州西南一百二十里〔採訪〕縣西北六十里有人户八十餘家　三叢墟〔府志〕州西南二百里時羅峝　埇

沵墟〔府志〕州西南一百里永樂鄉〔採訪〕江平十八甲村庄縣西一百餘里東捕屬合和團西思勤峝南大海北如昔司東南捕屬西蜆團新村　桂明　長山　二浪　交東　石角　霧頭　紅坑　山脚

灡尾在江平港口潮漲四面皆水地形狀似新月居民以漁海為業少耕種者　潭吉　山心

龍嶺　横江　黄竹　灡漚　魯古灡　白鬚公　釣魚台　龍嶺下　克溪　雞邦上　雞邦下　班岩　舊寨　新街　巫

抅 攏共甲 横蛮 冲吉 桂芳 扒沙水 銀坑山 灘龍
車田 高峝 九凛 灘天 菊坡 薛屋 冲峯 及浪
謹柴江平之東街出者曰長壽計六十户西出者曰安良計四十
三户南出者曰太康計二十九户北出者曰居仁計一十三户
安良之尾西南出者
日南闢計六十六户

廣東圖説恩勤峝天下郡國利病書在如昔都恩勤村州城西南三百里採訪縣西一百零八
里東菊坡村西東興羅浮峝
南長山村北如昔貼浪峝 内有小村八向設峝長一名採訪今
分為四團曰那濕團居峝之東曰潭耕團在峝之南曰大橋團在峝之西曰砲台團
居峝之北共統村庄三十四有恩勤街 恩勤 砲台 黄沙水 竹
圍 大橋工五村圖志並有 百麻舊有墟今廢 横隘 涌吉 歩誦 甸

河殿弄　那鷄　灘笠　河口　埇勒　那廖　那漏　灘汪

叅懷　那派　那黎　江尾　架連　水尾　涌恳　利羅

屏風　天獨　坡尾　涮康　稔稳有圖　潭耕　望楼角　王淡

右鄉村

謹按防城土產與欽州無甚同異今惟舉其最多及他處之所無者録之其餘則有欽州志在

菅（府志）產防城者織細蓆（採訪）俗呼織席草如昔亦出

薯莨（府志）似大薯有紅白二種白可治毒紅可染物不可食出四峝大山採販者甚衆（採訪）今惟大菉那良出

翡翠（府志）出時羅峝

孔雀（又）出時羅峝

金錢雞（又）出欽州交阯界如家雞大尾似孔雀亦時效孔雀開屏性急難養

靛樹（採訪）一名青子鄉民取其葉漬之以染其色較所種之藍

尤佳如昔出
落花生　蔗　〔又〕並如昔出
塩　〔又〕捕屬山心潭頭岐濟伏波四團並有塩田江平亦有然不多
茶　〔又〕菉[大]出者為高雪茶那勤出者名白石牙茶
絲　〔又〕捕屬江平俱出
木耳　〔又〕出大菉那勤扶隆
香蕈　〔又〕那勤扶隆出
薏苡仁　〔又〕扶隆出

靛　(又)亦扶隆出
乾龍眼　(又)江平出大而且多通行甚遠
布　(又)江平
圖書石　(又)白雞嶺產石一種其色黃白其質堅潤可取以為印
材
肉桂　八角　(又)並東興出
砂仁　(又)東興出
油糖　(又)俱出澌澟
右物產

縣城

土城〔阮通志〕防城在州城西南二百里明萬厤三十四年剏建 謹案即黄土營城 周圍一千九百八十丈 謹案一統志作三百餘丈府志作三百三十丈有奇也〔府志〕門二東近江 謹案其地今曰東門灘 南近水營 謹案今南門村是〔郝通志〕國朝康熙十一年叅議傳應舉總兵祖澤清知府徐化民知州董爾性游擊李陞高同捐修城〔阮通志〕防城乃交趾自海登岸入中國之要隘為欽廉門户前人之防城有深意焉〔府志〕今已折毀殆盡〔採訪〕現議興築

東興城〔採訪〕東興街周圍種竹為城設門六東曰迎春西曰麗澤南曰天南南之東曰鎮夷南之西曰鏡清北曰拱辰其中為

街四白歸仁里街大新街田隴街接連街

謹案東興昔時境極荒涼人煙甚少統計居民不過二十餘戶以故雖斗粟尺布亦必至越南之碏街購取而後始得光緒十二年法人侵擾越南東興一隅大兵雲集署知州李　於　項下每戶給銀一十五兩俾其建造店鋪以為貿易之所由是荒涼之土一旦頓成闤闠之區焉

右城池

知縣署〔採訪〕即舊防城巡檢署改計頭門一座三間大堂一座三間二堂一座五間吏舍廊房一十六間内衙六間

訓導署〔又〕未建

典史署〔又〕未建

東興縣丞署〔又〕在東興拱辰門内即舊州判署改

如昔巡檢署〔府志〕在大直墟乾隆四年咨准部覆動項修葺嘉慶間巡檢曾章玉孫尹三前後修建道光三年巡檢諸學宗重修七年徐祖荣重修大堂建後堂西廳〔採訪〕後圮同治七年重建

江平巡檢署〔採訪〕即原日越南藩土目之祠堂改

白龍營都司署〔又〕在白龍尾

千總署〔又〕在白龍尾

東興守備署〔府志〕在東興街〔採訪〕縣丞署左

防城社倉　名見府志〔採訪〕光緒十二年重建

管界社倉　名見府志

營房〔按册〕石龜嶺砲台一座　火藥局二間　東興街汛營房二座共六間兵房十八間門樓一門　松柏汛營房一座三間兵房六間門樓一間　思勒汛營房一座三間兵房六間門樓一

間　白雞汛營房一座三間兵房四間門樓一間　那梭汛營
房一座兵房四間門樓一間　澌澟汛營房二座共六間兵房
四間　水營汛營房一座三間　大菉汛營房二座共六間兵
房四間　羅浮汛營房一座三間兵房六間　防城汛營房一
座三間（已上十一汛營房今俱圮）　三口浪汛營房三座共九間兵房八間
王光汛營房二座共六間兵房六間　紅沙灣汛營房二座
共六間　那馬汛營房一座二間兵房六間　埇崙汛營房一
座三間兵房四間　北崙汛營房一座三間兵房十二間門樓
一座間今俱圮　扶隆汛營房一座三間兵房六間　茅嶺砲

台一座兵房三間葯庫一間厨房一間新建

箭道〔採訪〕在縣治前

大箭道〔又〕在東興歸仁里街東文昌廟左官兵操練者俱集於此故其旁之小土嶺人咸稱之爲教場坡云

右廨署

廟學（採訪）尚未興建每春秋二祀則設位於三都書院致祭焉

三都書院（又）在縣城二聖宫北

漸凜書院（又）在那良墟三聖廟旁同治間建置計頭門一座三間講堂一座三間左右齋房各二間後堂一座三間左右廊房亦各二間每年三八兩月會課一次其評隲去取皆歸本州知州主裁

文蔚書院（又）在大直墟光緒十五年建

江平書院（又）在江平舊寨光緒十四年以原日越南潘土目之房屋改建

思文社學（府志）在貼浪都（州志）明嘉靖間知州林希元建同時建十八社學今廢謹按十八社學惟思文白峯同文三社學在今縣境中其餘無考

白峯社學（府志）在管界司（州志）今廢

同文社學（府志）在防城堡（州志）今廢

防城義學（採訪）在縣城

大直義學（又）在大直墟光緒十四年知州李　設

江平義學（又）在江平安良街光緒十四年知州李　設

右學校

（按冊）光緒十五年覆准防城縣學額設廩生　名增生　名每

試取進附生四名武學四名　年一貢

右學額附

關帝廟（採訪）有十三（府志）一在如昔大直墟一在大菉墟一在那良墟一在那漆墟（今圮）一在防城墟（州志）潘晋獻送租四十石入廟作香燈費用田坵土名勒碑嵌於廟壁 一在東興街（在東興迎春門內道光十七年建計兩座座各三間）均 國朝康熙乾隆間鄉人捐建（採訪）一在如昔那梭墟（道光中建）一在澌凜那旺村一在古森白雞村一在河洲大崗村一在羅浮茅坡村一在平旺墟一在那勤墟

文昌廟（又）一在東興迎春門外光緒三年建一在那勤墟

文武廟（又）澌凜汊江里接二村及大直墟那漆墟俱有那漆墟之廟建自咸豐七年光緒九年修

二聖廟（又）縣治西

伏波廟（又）有八一在東興埇卜村一在三口浪一在那良墟一在古森上㟁丈二隘光緒十四年重建一在羅浮茅坡村一在思勒涌勒村同治間本㟁紳民重修一在那漏一在江平灘尾村

天后廟（府志）一在如昔大直墟一在那勤墟一在防城均鄉紳耆捐建東興街亦有天后廟今圮（採訪）一在那梭墟

三婆廟（府志）又在三口浪高原之上神最靈應（採訪）一在江平街謹案府志曰按三婆即天后特稱之互異耳俱無所考下四府多崇祀之香火甚盛舟人祀奉尤謹

烈節祠（又）在那勤墟同治四年建祀詹同茂之妾陳氏

右祀典

玉皇廟（又）在那梭墟

北帝廟（又）有二一在北崙一在那勤

三聖廟（又）那良北崙大直均有

四聖廟（又）在企沙墟

觀音廟（又）有二一在縣南龜嶺一在東興拱辰門右光緒十四

年管帶萃軍前營分省補用知縣蔡其銘倡建

五聖廟（又）在古森恒律村

華光廟（又）在板心廢墟

六祖廟〔又〕一在那良墟一在思勒砲台一在麥懷村道光間陳承光陳顯光同建

康王廟〔又〕有二一在大勉一在思勒

大王廟〔又〕思勒砲台村及灘汪村那勤墟北亦有大王廟

東翁大王廟〔又〕在那梭墟神極靈顯遠近祈福禱禳者絡繹不絕

波山廟〔又〕在那梭墟東

馬仙廟〔又〕在那漆墟南十五里馬仙坪

社稷神廟〔又〕在羅浮埇短村相傳建於漢時神甚靈爽鄉民

有禱輙應
百神廟（又）在江平紅坎村
五穀神廟（又）在古森白雞村廟山
東康祠（又）在大直墟同治十三年重建内祀本境社主之神
土地祠（又）在那梭墟関帝廟後光緒十三年建
右俗祀

大橋（州志）在州西南百二十里防城墟頭巡檢署前名右邊原
用木架嘉慶間州人捐資改建石橋
東橋（採訪）縣東路通墉崙
西頭橋（又）縣西鯉化團路通如昔
古城橋（又）縣西五里古城村
黄竹塘橋（又）縣西十里黄竹塘村
豐樂坪橋（又）離縣十五里路通如昔滑石墟
蟾蜍石橋（又）在縣西二十五里光緒十四年建
蛾眉月橋（又）縣西北二十六里蛾眉月村長三丈餘光緒十三

年例貢生唐明煥建路通那米垌及大菉墟

防城墟渡 〔採訪〕縣治南〔府志〕州西南一百四十里謹案州志作一百二十里

〔州志〕四峝人民來州必經之渡

埇崙渡 〔府志〕州西一百二十里乘潮汐一晝夜抵州〔州志〕出州入四峝者水程麻茅嶺金雞塘出猫尾海向無官渡客船自爲之

茅嶺渡 〔阮通志〕在州西七十里嘉慶二年設府志作州西南六十里乾隆四年設

汄江坡義渡 〔採訪〕在汄江坡下

那八角義渡 〔又〕距縣數里爲五峝往來之通衢

丹竹江渡 〔又〕縣西二十里以上捕屬

清口橋（採訪）在東興哨樓嶺西架木爲之路通冲朴
石橋（又）在冲朴村北爲東興往河洲上峝及那良北崙諸處之
要道同治五年上峝民項　建今圯橋柱猶存
馬鞍橋（又）在澌凛峝長六丈餘光緒四年峝民林淵林澤建
深溝橋（又）在澌凛峝長四丈道光二十七年何益禮等募建
那禄橋（又）在澌凛峝其長五丈咸豐四年沈會聯沈蔚聯兄弟同
建
那峝橋（又）在澌凛峝咸豐間峝民黄廷耀建其橋直長五丈餘
那招橋（又）在羅浮峝那招村長六丈道光間峝民李深李漢建

滑石溝橋 〔又〕在羅浮嵓那超村計長五丈寬五尺餘 閤李德富吳東源建光緒 年岑朝景等重修

冲朴渡 〔又〕舊設在冲朴村伏波廟前

横水渡 〔又〕舊設在哨楼嶺下犀牛潭今俱禁止

那斌義渡 〔又〕在澌凛嵓那斌村義民林華錦捐設

那良義渡 〔又〕縣西那良墟 閤義民鄭紹巨捐設

大河義渡 〔又〕在澌凛大河村設於前朝後廢同治閤義民沈榮昌捐資置復

北碟義渡 〔又〕在澌凛北碟村

飲河義渡（又）在澌澟飲河村村民捐設
板心義渡（又）在澌澟板心廢墟
渠那義渡（又）在澌澟峝村民捐設
羅浮江義渡（又）在羅浮峝義民項上祐捐設以上東輿
亭南橋
美同橋（州志）二橋係長壞往那天墟要道路光七年施保邦捐資
獨建
那歩橋
魯古橋（府志）已上四橋均州西如昔屬那天等衢衝嘉慶間州紳

施國紳捐資四百金各建石橋

大橋（採訪）今名舊墟橋（州志）在如昔司屬大直墟塩埠道光間重脩（採訪）長一丈四尺濶五尺通大菉平旺滑石扶隆那勤北崙那良等墟

太陽橋（採訪）在那天墟東十五里那茅江上長二丈五尺寬九尺光緒十一年屯埲村耆民梁上達建

渌濶溝橋（又）在那勤墟東三丈光緒閒例貢生唐明煥建

下合溝橋（又）在大菉墟西總管村長一丈五尺　閒例貢生唐明煥捐建

西路橋　〔又〕在那勤墟西路通扶隆
西江橋　〔又〕在那勤墟東距縣城八十里
烟墪橋　〔又〕在扶隆墟東鄉民曾𢡟誠建
小白埇橋　〔又〕在大直墟東五里道光間建
永昌橋　〔又〕在大直墟東六里光緒八年墟人吴嘉謨建
巴吒橋　〔又〕在大直墟東八里光緒八年吴嘉謨建
大白埇橋　〔又〕在大直墟東十里古時建後圮同治九年重修長
　二丈餘四橋俱路通欽州
石橋　〔又大直墟南一里同治二年建路通縣城

4

油桁橋〔又〕大直墟西南六里同治間建光緒十四年重修

大小樟橋〔又〕俱在大直墟東南二十里前時俱以樟木為之故名同治九年改建石橋後圮光緒三年重修計長一丈三尺路通時羅平旺墟

松柏橋〔又〕大直墟西十里長一丈一尺同治元年建那馬胎村禤敬章建大菜墟人來大直者必經此橋

蕾樓嶺橋〔又〕在大直墟西北十里平亮村路通那添同治五年村人黄光嶶戚紹馮同建

那佳橋〔又〕大直墟東北十里同治十二年建

無名石橋　〔又〕在大直墟東北六里

那定橋　〔又〕在大直墟東北七里

彭久橋　〔又〕在大直墟東北九里

天白橋　〔又〕在大直墟東北十里以上五橋俱通欽州大寺墟

滑石義渡　〔府志〕州西南一百八十里謹案州志作一百六十里四峝通〔欽州志〕四峝人民來州必經之渡〔採訪〕黄春藜捐設

大直墟渡　〔府志〕如昔司署前〔採訪〕光緒十三年改為義渡另有赴州渡客民自為之一晝夜可抵州州志出鳳皇江經猫尾海計程一百二十里〔採訪〕

灘營義渡　〔採訪〕如昔司南五十里路通縣城咸豐間義民張德

和捐設

同義義渡〔州志〕在州西南一百三十里道光十二年鄉人倡捐

肇造修義渡 謹案府志同義渡貼浪那提鄉嘉慶間鄉人倡設誤

同德義渡〔又〕在州西南一百四十里那提村前道光十二年鄉人捐設

同仁義渡〔府志〕州西南二百里大菉墟〔州志〕距城一百八十里其源發自叫懷隘逾三崗田會合江口至防城入於海向因地距州遠且僻人跡罕到不設舟楫時值秋冬水涸欲濟者可厲揭若當大雨時行之候往來者多臨涯而返間有遭滅頂之凶

連篇累牘閱之生厭

者乾隆間四方輻湊絡繹不絶嘉慶初里人朱麟壽朱富淑鍾
兆拔巫春和等倡捐肇造義渡買置田鋪出賃收租供舟子工
食行人便之

西江渡〔又〕在州西南二百里離那勤墟西五里

那鏡義渡〔採訪〕在那梭墟西咸豐間職員陳清茂鄧登球等捐
設

平旺義渡〔又〕州西南百六十里時羅都平旺墟邊同治間監生
黄元琛捐設

灘冷義渡〔又〕在貼浪都滑石大菉等處鄉人捐設

大江邊義渡　〔又〕在那勤西南　　閭鄉民詹同茂倡設以上如昔

天南橋　〔又〕在思勤村東路通扶隆江平昔時中外交界於此

銅皮橋　〔又〕距江平七里

交東渡　〔又〕在江平交東村左浪高風猛行者常苦覆溺之患焉

合江義渡　〔又〕在思勤横隘村東北爲那梭江平往來之通津光

緒八年鄉正黄正發等捐設

横水義渡　〔又〕在江平街尾　　閭義民李三盛捐設

新街義渡　〔又〕距江平街里許

横江義渡　〔又〕距江平街五里

石角義渡（又）距江平街三十五里路通縣城均衆人捐設以上江平

右津梁

海平舊縣吳置（採訪）在縣境

遵化舊縣隋置（採訪）縣南二里南門村有古建磚城一座基址尚存以輿地考之當即隋之遵化縣城也名勝志謂遵化故縣在今靈山縣南三十里誤辨見沿革中

以上古縣

謹案廉州府志及欽州志於今縣境內尚載有烏雷華清二縣考烏雷廢縣在今欽州三娘灣地華清廢縣則在烏雷之北皆與今防城之境無涉也故畧之

海北道廢行署（府志）欽州州判乾隆八年移駐東興街後圯移遷思勤海北道行署 謹案凡具官之已裁者則稱廢署未裁者則稱舊署下倣此

廉州府同知廢署（阮通志）在如昔都雍正九年嘗移駐此（府志）後遷防城乾隆十二年又遷建龍門（又）防城舊署改為防城廵

檢署

欽州州判舊署（採訪）在思勒村故海汛道行署（府志）乾隆四十九年州判趙鳴謙修嘉慶五年州判張濤增修道光十一年州判沈炳文重修（採訪）道光年間州判復遷東興街今圮

東興州判廢署（採訪）今縣丞署是

如昔巡檢司舊署（明史地理志）欽州西有如昔巡檢司（府志）在州治西南二百里如昔都那蘇村據那飄大山之險防守交夷要害明洪武五年同知郭儁重建今遷州西九十里大直墟（謹案一統志誤作百麻村）

管界巡檢司廢署（明史地理志）欽州西北有管界巡檢司（郝通志）在州西謹案府志州志俱誤作北一百八十里白花山下（府志）雍正十三年裁（讀史方輿紀要）本名時休峝永樂中改置巡司

防城巡檢司廢署（府志）在州西南一百里防城墟乃交阯入中國要隘乾隆十二年奉准部覆將防城同知移駐龍門以龍門巡檢改為防城司並將防城同知署改為防城司署毋庸動項建造五十年巡檢柴國椿增修嘉慶二十五年巡檢程銑道光六年巡檢王謹案原誤作黃今改正元茂相繼重修（採訪）今即知縣署也

龍門協左營守備舊署〔府志〕原駐防城初建草房乾隆三年咨准部覆動項改建四年因安南内訌移駐東興街十六年圮

東興守備舊署〔採訪〕在東興拱辰門外街閘北其地直長二十丈横濶一十丈四面俱立有界址

防城驛〔又〕在今縣治〔讀史方輿紀要〕明永樂十四年張輔奏旨欽州天涯驛經猫尾海至埇淪佛淘從萬寧縣抵交阯多由水道陸行止二百九十一里比邱温故路近七驛宜設水馬驛以便往來從之乃設防城佛淘二水驛寧越涌淪二遞運所及佛淘巡司宣德三年復舊

埇崘㵿運所〔採訪〕縣東埇崘村以上舊廢廨舍 謹案欽州志廉州府志古蹟內尚有佛淘巡司及佛淘古驛二條考佛淘故地為今東興對河越地之海寗府與防城無涉故不錄

千金鎮〔讀史方輿紀要〕胡氏曰在州西南唐長慶三年黃洞蠻破欽州千金鎮刺史楊嶼奔石南砦〔府志〕相傳即今大菉墟

如昔砦〔宋史地理志〕安遠縣有如昔砦〔天下郡國利病書〕亦名如昔鎮 謹案九域志誤作知音鎮〔輿地紀勝〕距交阯永安州二十里〔讀史方輿紀要〕欽州西百六十里連左右兩江溪峒接交阯界砦據大山之巔勢甚險阻宋置峒長管轄時羅賊浪等七峝天禧間歲調兵守之元因其制至正十二年兩江峝賊黃聖許寇欽州及靈

山遠（安）二縣於是時置貼浪七峝人民亡散殆盡興兵討之賊竄入深峒明洪武中置巡司於如昔瑎宣德二年土酋黃金廣等以澌凜羅浮古森葛源等四峒十九村（府志作九十九村 謹案當從府志）叛附安南遂侵如昔貼浪二都因置金勒千戶所移置那蘇隘嘉靖十五年安南復侵如昔貼浪二都十九年莫登庸降歸澌凜金勒古森了葛四峝地於是始復故境志云貼浪峝在貼浪都（思）牙村相近者為博是峝在了葛村鑑山峝在羅浮村所為七峝也

牢城

（府志）宋配處士呂祖泰於欽州牢城今無攷（州志）相傳即北崙汛三不要地水土最毒闕疑

思禀管〔採訪〕今曰澌凛峒〔讀史方輿紀畧要〕在州境宋嘉祐四年交阯李日尊冦欽州思禀管卽此

古大門〔府志〕在大洋中距安南青梅山不遠相傳安南陳氏設戰艦以拒元兵於其處宋世亦設水師於此防邊

天板關〔一統志〕在州西六十餘里〔採訪〕今名東囊隘〔州志〕明宣德間衛千户一員軍丁名防守

攘外管〔府志〕去州二百五十里〔天下郡國利病書〕在那蘇及新閘田

澌凛營〔天下郡國利病書〕去州二百四十里謹案府志州志俱誤作州西南四百

里

防城之外營峒民近交阯十里

防城營〔讀史方輿紀要〕州南二百里〔天下郡國利病書〕時羅鄉交阯界正德元年夷目萬汝舟（謹案府志州志作范汝升）登界與都民黃令濟（謹案府志州志作黃全濟）争田始立營〔又〕後廢知州董廷欽復建改名黃土營〔一統志〕萬厯三十四年海北道伍袁萃復建城周三百餘丈為州西門户〔採訪〕今曰古城村在縣西五里

那暹營〔天下郡國利病書〕在州西一百五十里那暹埠管下永樂一都近上思州界

羅浮營〔又〕州治南二百五十里四都地方〔又〕在防城外百二十

里河頭村〈又〉嘉靖十九年因安南獻回四峒侵地後軍門議於河洲社立一大營撥軍兵二百名以指揮或千户一員統率防守四峒地方至二十八年為夷寇范子儀所燬參將俞大猷以河洲深入夷界呈請改建於此〈讀史方輿紀要〉羅浮營嘉靖三十年設

思勒營〈府志〉在州西南三百六十里〈天下郡國利病書〉在防城南九十里謹案方輿紀要誤作五十里至羅浮營二十里謹案府志州志誤作六十里嘉靖十九年軍門議立河洲三營以營去州治遠軍兵粮餉往來悉由夷界又於江平地界設思勒衝色二小營〈讀史方輿紀要〉思勒營嘉靖三

十年設互相策應每營各撥軍兵五十名以千百户一員統領防守後參將俞大猷議廢衛色一營（又）後軍兵因事逃散復廢思勒

上扶隆營（又）在欽州貼浪都謹案府志誤作距州四百里通十萬大山與廣西上思州接界又西八十里到西牙坂崗村與澌凜交阯接界嘉靖十年為上思州夷目趙淳作亂始立營於此撥總旗一名領軍五十名守之知州林希元以非要地議罷分軍二十名守陸眼營餘掣回守城

黃觀營謹案即王光營之轉音也利病書又作團光（讀史方輿紀要）在州西百二十里（天下郡國利病書）萬厯三十年新設哨官領之

八角營（又）在州西鄉名狼兵一百二十名防守以百戶一員領
之
那邏營（讀史方輿紀要）在州西一百十里（天下郡國利病書）名
狼兵一百名防守以八角營百戶兼統之
團圍營（讀史方輿紀要）在州西百三十里（天下郡國利病書）兼
界那陽龍王等村（又）名狼兵四十五名防守以八角營百戶兼
統之
那蘇營（又）在欽州如昔都與交阯萬寧州接界如昔峝長黄鳳
陽居此知州林希元為有事安南於此建營召雷州衛軍二百

名守之十七年安南事息淛手面〔採訪〕今那梭墟是

龍羅整〔天下郡國利病書〕在防城西與交阯永安州分界

石砲臺〔採訪〕在思勒炮台村大路旁（台）高六丈廣四丈上有松杉各一株古幹蒼然俗傳爲伏波將軍馬援築即府志之南砲台也謹案府志作在思勒南五十里黃竹隘誤

三囊台〔府志〕州西南二百里原兵二十名

如昔臺〔又〕原兵四十名

砲臺〔採訪〕在砲台嶺上明時安南人所建每方一丈其高七丈有餘

北砲臺（府志）在那馬汛南一十五里基址尚存以上古戍

銅柱（一統志）欽州分茅嶺馬援征交阯立銅柱其下以表漢界（郝通志）崇正九年張國禎訪銅柱遠近得貼浪老叟黃朝會云萬歷二十四年曾至其地見之茅果分垂兩邊嶺去銅柱尚遠其道里所經則自貼浪扶隆至板蒙一日板蒙至那蒙那來一日那來至觀狼動羅一日動羅至江那一日江那至北欖一日北欖至北癸一日北癸至新安一日新安至八尺石橋再行八日方見此嶺（阮通志）唐節度使馬總立銅柱在古森峒即此嶺稱伏波者誤（輿地紀勝）漢伏波平交阯立銅柱唐馬總為安南都

護夷獠為建二銅柱於伏波之[illegible]以明總為伏波之嗣謹案方輿紀要唐安南都護馬總亦建二銅柱鑱著唐德自明為伏波之裔是銅柱在安南也又唐何履光定南詔立馬援銅柱南詔今大理國則是銅柱又在大理闘釱境古森峒與安南抵界有馬援銅柱安南人每過其下人以一石培之遂成邱陵其說曰伏波有誓云銅柱折交阯滅培之懼其懼其折也又云交阯境內有數銅柱未知孰是詩唐胡曾詩云一柱高標險塞垣南蠻不敢犯中原功名自合分茅土何事翻銜薏苡冤〔天下郡國利病書〕按水經注言銅柱在林邑不言在欽江疑分茅銅柱馬總所植也廣東通志曰謹案銅柱或以為馬援立或以為馬總立衆

說紛紜迄無定論惟王象之說最詳不下斷詞
闕疑為是所引胡曾絕句乃咏史詩之一也

三口浪（採訪）縣東南七十里伏波圍海中（阮通志）常有巨浪三口連珠而起聲響如雷（府志）俗傳舊有九口馬伏波射去其六

伏波石（採訪）在古森白鷄水口上有掌印俗傳為伏波將軍所遺

鑿字山石刻（採訪）縣西鑿字山（府志）峯上有字數行今惟造夵成

謹案今據採訪冊作偶二字依稀可辨餘悉模糊

招遠山碑（採訪）縣西南招遠山（阮通志）招遠山州西南一百六十里舊名灘令山明正統五　招諭四峝叛民黃

金廣等今名勤有碑今没詞款重修（以上古蹟）

貞節劉佟氏墓〔採訪〕在大直墟後先時淪於草莽甚至為豪強所潛發光緒五年署知州田明耀罰款事修（以上古蹟）

伏波亭〔採訪〕在東興麗（澴）門外哨樓嶺高七級光緒十一年建

那祿文塔〔採訪〕在那良墟後嶺上計三層高二丈許同治間鄉人沈姓因舊時惜字爐改建（以上勝景）

天褒節孝坊〔府志〕如昔屬滑石墟頭道光三年為劉文縉妻錢氏建

節孝坊〔採訪〕在大直舊墟節婦劉佟氏墓前（以上坊表）

防城县小志

右名勝

防城縣小志卷一畢

武緣黄家沅校
祁陽李夢華録